Remco Van Riet

Origens da inovação inversa: Como é que as empresas aplicam a inovação inversa

Remco Van Riet

Origens da inovação inversa: Como é que as empresas aplicam a inovação inversa

ScienciaScripts

Imprint

Cover image: www.ingimage.com

This book is a translation from the original published under ISBN 978-3-659-89348-3.

Publisher:
Sciencia Scripts
is a trademark of
Dodo Books Indian Ocean Ltd. and OmniScriptum S.R.L publishing group

120 High Road, East Finchley, London, N2 9ED, United Kingdom
Str. Armeneasca 28/1, office 1, Chisinau MD-2012, Republic of Moldova, Europe
Managing Directors: Ieva Konstantinova, Victoria Ursu
info@omniscriptum.com

Printed at: see last page
ISBN: 978-620-8-57243-3

ÍNDICE

Capítulo 1	2
Capítulo 2	4
Capítulo 3	10
Capítulo 4	20
Capítulo 5	28
Capítulo 6	31
Capítulo 7	39
Capítulo 8	42
Capítulo 9	51
Capítulo 10	56

1. RESUMO

A globalização desempenha um papel importante no ambiente empresarial atual. Não só as pessoas e os produtos circulam por todo o mundo, como também a inovação tem lugar à escala global. Consequentemente, os produtos e serviços não estão a ser desenvolvidos apenas nos mercados ocidentais, mas também em economias em rápido crescimento, como a Índia. Estes países emergentes estão a começar a ter um impacto cada vez mais significativo no mercado global. A atual abordagem da *glocalização*, segundo a qual as multinacionais ocidentais se limitam a exportar produtos para as economias emergentes, está a tornar-se obsoleta. Muitos dispositivos de saúde e carros baratos são exemplos de produtos que são inovações destes países, desenvolvidos especificamente para satisfazer as necessidades do consumidor na base da pirâmide. Se estas inovações forem também adoptadas mais tarde no mercado ocidental, é a chamada *inovação inversa*. Devido ao grande potencial da inovação inversa, algumas empresas ocidentais (por exemplo, a General Electric) estão a investir em empresas estrangeiras em fase de arranque ou a desbravar novos caminhos através da inovação inversa, que é uma abordagem descentralizada em oposição à *glocalização*. No presente documento, o sector indiano das telecomunicações é analisado a fim de desenvolver a teoria existente da inovação inversa. Este mercado tecnológico turbulento, em rápida evolução e em constante inovação é interessante de estudar, dado que se prevê que o mercado indiano das telecomunicações seja o maior do mundo. Graças a uma abordagem descentralizada e centrada no cliente, estas empresas indianas estão a inovar e a servir muito bem os clientes da base da pirâmide. Este documento explicará como algumas destas empresas indianas podem potencialmente prosseguir a inovação inversa - continuando a oferecer novas inovações globais, construindo marcas através dos meios de comunicação social, da personalização em massa, de um excelente serviço pós-venda e de todas as melhores práticas actuais em matéria de inovação inversa, identificando os pontos fracos dos clientes e criando um novo consumo entre os não clientes. Este documento também criticará a literatura atual sobre a inovação inversa, uma vez que a teoria não parece ser muito diferente daquilo que muitas multinacionais ocidentais têm vindo a fazer há anos, que é adotar uma abordagem descentralizada. No entanto, este documento explicará o potencial das empresas indianas e o facto de a inovação estar a acontecer cada vez mais à escala global, mesmo que seja referida como inovação inversa ou que seja o resultado desta teoria.

Palavras-chave: Inovação inversa, globalização, países desenvolvidos, países em desenvolvimento, mercado das telecomunicações

2. INTRODUÇÃO

Durante décadas, as empresas da parte "ocidental" do mundo, que inclui a Europa, o Japão e os Estados Unidos, exportaram produtos para os países em desenvolvimento, anteriormente conhecidos como países do Terceiro Mundo. A globalização, que significa que todas as nações do mundo interagem igualmente a nível comercial, está a desenvolver-se e o mundo está a ser transformado num mercado global. Graças à digitalização do mundo, o processo de globalização está a intensificar-se a um ritmo mais rápido. As empresas estão a tirar partido de todas as oportunidades oferecidas pela Internet e pelos meios de comunicação social, quer se trate da construção de marcas, do serviço ao cliente ou da simplificação dos processos de fabrico e de entrega. Normalmente, muitas multinacionais ocidentais recorreram *à ^localização*, uma abordagem que lhes permite servir o mercado de luxo nos países em desenvolvimento ou simplesmente desvalorizar os produtos de gama alta para o mercado em geral. Por conseguinte, estas multinacionais começaram a deslocalizar a sua produção para estes países, onde os salários são mais favoráveis. Esta tendência manteve-se no século XXI, com as empresas a deslocalizarem também serviços como os processos administrativos. Muitos destes serviços são deslocalizados para a Índia. Embora a literatura indique que este offshoring é favorável, por outro lado, estas multinacionais ocidentais estão a ceder o controlo de uma parte específica da sua cadeia de abastecimento para além do seu alcance (Tadelis, 2007). O facto de renunciar a um certo controlo sobre determinados processos permitiu à Índia, por exemplo, melhorar consideravelmente muitos serviços informáticos, nomeadamente no sector das telecomunicações. As empresas ocidentais perderam conhecimento ao não manterem o controlo destes serviços na medida necessária para manter a inovação possível (Tiwana e Keil, 2007). À medida que a globalização se intensifica diariamente, as multinacionais ocidentais têm muitas oportunidades para aproveitar, mas o facto de as economias emergentes estarem a tornar-se actores importantes é também alarmante.

Está a surgir uma nova abordagem, a inovação inversa. Trata-se de qualquer inovação desenvolvida e adoptada pela primeira vez num país em desenvolvimento e depois disseminada a nível mundial (Govindarajan, Immelt, 2009). Atualmente, a maioria das empresas indianas inova em termos de processos ou produtos e, por conseguinte, desenvolve produtos que satisfazem as suas necessidades específicas. No entanto, algumas destas inovações podem mesmo ter potencial para serem introduzidas no mercado global, que incluiria também os países ocidentais. Os novos produtos desenvolvidos inteiramente nos mercados emergentes para os mercados emergentes são também susceptíveis de perturbar os mercados desenvolvidos e de abrir novas oportunidades de negócio no futuro (Zeng & Williamson, 2006). Estes produtos não estão simplesmente a ser alargados ao "Ocidente", mas representam também uma ameaça direta às actividades das multinacionais ocidentais.

O facto de os países em desenvolvimento representarem atualmente mais de metade do PIB mundial é um sinal de alerta. A Índia, por exemplo, tornou-se uma das maiores indústrias do mundo nas últimas décadas. Além disso, as multinacionais ocidentais transferiram os seus centros de investigação e desenvolvimento para países como a Índia e começaram a inovar nesse país. Mas, como parte desta nova tendência, as empresas indianas estão a construir centros de I&D no Ocidente, como a Mahindra Comviva, por exemplo, planeia fazer em 2014 (Chowdhary, 2014). Além disso, a Infosys está a criar o seu próprio centro de I&D na Europa de Leste, e muitas outras empresas têm escritórios na Europa, uma vez que vendem produtos nesse mercado.

O exemplo mais conhecido de inovação inversa é o carro produzido pela Tata, chamado Nano. O facto de este carro poder ser vendido por menos de 2.000 euros pode potencialmente perturbar todo o mercado automóvel desenvolvido. O presidente da General Electric, Immelt, afirma: "a verdadeira concorrência vem das economias emergentes". A sua estratégia consiste, portanto, em pôr em prática a abordagem descentralizada e a inovação inversa, aplicando a estratégia de inovação inversa desenvolvida por Govindarajan & Trimble (ver anexo 10.4). O potencial da inovação inversa é imenso, pois permite criar novos mercados e estimular o consumo entre os não-consumidores. A inovação inversa está, por conseguinte, em conformidade com os conselhos da estratégia do oceano azul: entrar em mercados que ainda não foram conquistados e que oferecem grandes oportunidades de crescimento (Kim & Mauborgne, 2005).

No entanto, a inovação inversa é uma forma muito recente de inovação, para a qual as provas são bastante anedóticas. Entrevistas com CEOs que dão a sua opinião sobre o fenómeno e exemplos concretos de como acontece são as únicas coisas que sabemos sobre ele neste momento. O que sabemos é que a maioria das empresas ocidentais ainda está a praticar a abordagem de glocalização, uma vez que é difícil mudar o seu negócio para adotar o modelo de inovação inversa, e porque deveriam fazê-lo? Até agora, parece que as empresas ocidentais não acreditam na inovação inversa, ou será porque não levam a sério os países em desenvolvimento? Em particular, há pouco interesse em saber o que a inovação inversa das empresas não ocidentais pode significar para a sua posição no mercado global, o que é uma lacuna óbvia. Parece razoável pensar que as multinacionais ocidentais não são mais capazes de inovar para um mercado que não é o seu do que as empresas do próprio país, que conhecem melhor os seus "próprios" clientes? Mas, sobretudo, será que estas inovações das empresas indianas prejudicam as multinacionais ocidentais, mesmo nos países desenvolvidos?

Nos últimos tempos, tem havido pouca investigação nova sobre o fenómeno da inovação inversa, o que resulta numa clara falta de teorias viáveis e de provas empíricas. O objetivo deste trabalho empírico é, portanto, examinar indutivamente como e porque é que algumas empresas praticam a inovação inversa e porque é que outras não o fazem. Através de um estudo de caso comparativo, são desenvolvidas propostas que nos ajudam a compreender melhor a inovação inversa e a preencher algumas das lacunas actuais. Recorrendo à amostragem teórica, os casos selecionados são úteis para criar uma sobreposição comum e mostrar a lógica entre construções que nos ajudarão a construir uma teoria sobre este tópico. A criação de um novo quadro concetual dá-nos uma visão clara e fresca da literatura atual e permite-nos explorá-la melhor. A área de investigação parcialmente inexplorada (inovação inversa) será melhor compreendida graças aos contributos deste documento. É de grande interesse para muitas empresas, bem como para a investigação empírica sobre o assunto, uma vez que pode ser descrito como um método de melhores práticas para obter vantagens competitivas. Isto levanta a questão: porque é que nem todas as empresas seguem esta estratégia? Por conseguinte, porque é que algumas empresas são bem sucedidas na gestão da inovação inversa e porque é que outras falham?

A inovação é uma vantagem competitiva para qualquer empresa, seja qual for o seu sector de atividade, e é, portanto, um instrumento necessário no ambiente competitivo em rápida mutação dos nossos dias. É igualmente interessante notar que os países em desenvolvimento também são capazes de inovar graças a esta nova abordagem. Assim, a abordagem *da glocalização* poderia tornar-se obsoleta e os países em desenvolvimento, como a Índia, em plena atividade, poderia ocorrer uma mudança completa na economia global, onde a inovação tem lugar em todo o mundo.

Assim, parece que o processo de offshoring, que pareceu uma excelente solução durante todos estes anos, está a voltar para assombrar os países desenvolvidos.

Para além de explicar como, quando e porquê ocorre a inovação inversa, este documento demonstrará o potencial que as empresas das economias emergentes, neste caso a Índia, possuem. Para efeitos da presente tese, a Índia é o país de estudo devido ao seu PIB em rápido crescimento, à sua grande população, ao número crescente de inovações e ao seu papel cada vez mais importante na economia global. Um dos factores fundamentais da inovação inversa é a diferença de rendimentos entre os mercados emergentes e desenvolvidos (Trimble, 2012), o que significa que os produtos têm de ser baratos, mas, por outro lado, resolver os problemas dos clientes (Govindarajan & Trimble, 2012). Govindarajan, o pai fundador da inovação inversa, foi um dos primeiros a identificar o fenómeno da inovação inversa no seu próprio país, o que justifica a escolha da Índia como país de investigação. Em segundo lugar, a Índia está a tornar-se um centro de inovação, não só para as multinacionais ocidentais, mas também para as empresas indianas que inovam em grande escala.

Para restringir o enfoque da Índia a um sector específico, o foco é o sector indiano das telecomunicações. O estudo da inovação inversa a partir de um único sector não foi feito antes e fornece-nos caraterísticas mais consistentes e comuns que este fenómeno tem para oferecer no mercado global, mas respondidas através de um sector específico. A razão para tal é que este sector está a evoluir rapidamente e a inovação contínua é uma condição de sobrevivência. Além disso, a Índia deverá tornar-se o maior mercado de telecomunicações do mundo e os telemóveis serão indispensáveis para quase todos os indianos. O estudo do mercado indiano revelou o potencial do sector das telecomunicações indiano, com empresas que praticam a inovação inversa ou que têm potencialmente capacidade para o fazer. Em última análise, poderiam mesmo constituir uma ameaça considerável para as multinacionais estabelecidas, como a Apple e a Samsung (Sen, 2013). O estudo destas empresas de telecomunicações indianas sobre as condições em que efetivamente praticam a inovação inversa ou os factores que as impedem de seguir esta estratégia são considerações fundamentais para o presente documento.

Noutros sectores conhecidos pelos seus sinais de inovação inversa, como o dos cuidados de saúde, isto também poderia acontecer, mas esta orientação das empresas é mais difícil de provar, dado que este mercado é menos transparente e a informação é mais escassa. Além disso, no que respeita aos cuidados de saúde, os países desenvolvidos não parecem estar interessados nos produtos de saúde dos países em desenvolvimento, uma vez que a confiança é muito importante. Outro mercado, como o dos produtos de grande consumo, também não é adequado para a investigação, uma vez que, por exemplo, a alimentação é um elemento cultural e, normalmente, os produtos alimentares desenvolvidos para um país desenvolvido como a Índia não seriam apreciados na Europa. Se tomarmos a Unilever como exemplo, a empresa tem vários centros de I&D em todo o mundo, incluindo a Hindustan Unilever, que lida especificamente com as necessidades da Índia. Consequentemente, a inovação inversa não é muito comum neste sector.

Ao estudar a inovação inversa no contexto atual, este documento contribui para a teoria atual, alargando a perspetiva sobre a questão, mas, mais importante ainda, as condições que levam à inovação inversa serão discutidas mais adiante no documento. Estes factores críticos de sucesso e, por conseguinte, as propostas desenvolvidas, ajudam-nos a compreender por que razão e como ocorre a inovação inversa. O estudo do porquê e como ocorre a inovação inversa, combinado com o potencial de uma economia emergente como a Índia, torna este documento verdadeiramente benéfico para a investigação nesta área.

2.2 OBJETIVO DA INVESTIGAÇÃO

Objetivo da investigação: descrever o significado da inovação inversa e explicar porquê e como ocorre, a fim de compreender melhor o conceito. É da maior importância adquirir novos conhecimentos sobre o fenómeno da inovação inversa.

Questão de investigação: Origens da inovação inversa: como é que as empresas aplicam a inovação inversa no sector indiano das telecomunicações?

O resto do documento está estruturado da seguinte forma. Começamos por definir alguns conceitos-chave e a forma como são atualmente definidos, a fim de fornecer mais informações. A estratégia de investigação é depois explicada em pormenor na secção de metodologia. Porque é que a abordagem atual está a ser adoptada e porque é que responde melhor ao objetivo de investigação do presente documento. Consequentemente, será explicada a seleção dos casos, por que razão foram utilizados vários casos e por que razão os casos selecionados foram incluídos no presente documento. Uma vez analisados os casos, é apresentado o quadro teórico, com base no qual as propostas são desenvolvidas de forma indutiva. O quadro teórico é mais fácil de compreender após a leitura da secção sobre a teoria, onde os conceitos explicados servem como pedras angulares da teoria da inovação inversa. A presença ou ausência de condições/factores críticos de sucesso conduzem ao cenário em que uma empresa prossegue ou não a inovação inversa. As proposições desenvolvidas complementam o que sabemos atualmente sobre a inovação inversa, que será discutido em pormenor na secção de resultados e discussão. Na conclusão, explico o que este novo quadro teórico traz à investigação sobre inovação inversa, mas a crítica à inovação inversa também será reforçada, uma vez que o fenómeno não tem ocorrido com a frequência esperada.

3. TEORIA E DEFINIÇÕES

Nesta secção, são mencionados todos os conceitos utilizados para explicar a inovação inversa. Isto é feito quer através da discussão da literatura anterior, quer através da ligação destas teorias à inovação inversa no contexto do presente documento. A explicação de todos estes conceitos fornece, portanto, informações úteis para esta investigação.

3.1 GLOCALIZAÇÃO

A glocalização é uma abordagem utilizada pela maioria das multinacionais ocidentais nas últimas décadas. Na glocalização, a tónica é colocada no mercado de luxo (mercado de gama alta) das economias emergentes ou, simplesmente, na desclassificação de produtos de gama alta para o segmento inferior do mercado. Ao eliminar as caraterísticas dos produtos, os custos são reduzidos. A glocalização é uma forma de fazer negócios completamente diferente da abordagem relativamente nova da inovação inversa. É ineficaz para satisfazer todas as necessidades dos mercados emergentes (Corso, DiMinin, 2013), porque os produtos desenvolvidos pelas multinacionais ocidentais satisfazem principalmente as necessidades dos países desenvolvidos. Assemelha-se a uma abordagem de "technology push", em que um dos objectivos é vender produtos aos clientes actuais do produto (Govindarajan & Trimble, 2012). Mas, por exemplo, no sector dos telemóveis, muitos indianos não são clientes, mas podem tornar-se clientes se os seus problemas forem resolvidos. Tendo em conta o que se sabe sobre este conceito, é já claro, numa fase inicial, que as empresas de telecomunicações indianas estão a utilizar uma abordagem mais local e descentralizada e esta pode muito bem ser a razão pela qual estão a ter sucesso a todos os níveis do seu próprio mercado. No entanto, a glocalização é dominante porque funcionou para as multinacionais ocidentais, mas, como explicado, limita as empresas quando tentam ganhar quota de mercado a todos os níveis nos países em desenvolvimento (Immelt, Govindarajan, Trimble, 2009).

3.2 INOVAÇÃO INVERSA

Inovação inversa: Uma inovação que é adoptada primeiro num país em desenvolvimento antes de ser adoptada nos países desenvolvidos. Inovações que satisfazem as necessidades dos clientes nos países em desenvolvimento, mas que poderiam igualmente satisfazer as necessidades dos países desenvolvidos numa data posterior.

A inovação inversa também pode estar ligada a inovações disruptivas (Christensen, 1997). Os critérios importantes para as inovações disruptivas são: são menos eficientes do que o fator de desempenho atual (valorizado pelo cliente tradicional), ocupam uma grande parte do mercado/substituem o mercado atual (ou têm potencial para o fazer) e apresentam um conjunto diferente de atributos de desempenho (Bower e Christensen, 1995). A teoria da inovação disruptiva adquire uma nova dimensão geográfica, uma vez que a inovação inversa explica a dinâmica da disrupção dentro dos mercados estabelecidos a partir de uma perspetiva diferente (Corsi, DiMinin, 2013). Por exemplo, os produtos produzidos para o consumidor indiano podem ser menos eficientes do que o fator atualmente valorizado, mas esta pode muito bem ser apenas uma dinâmica temporária. A inovação disruptiva já é um conceito difícil, pelo que a inovação inversa torna-o ainda mais complexo. Embora muitas teorias sugiram que as duas teorias se sobrepõem de alguma forma, a inovação disruptiva inversa também tem a vantagem de criar novas caraterísticas e elementos do produto disruptivo concebido e testado em países em desenvolvimento e valorizado em nações desenvolvidas (Corsi, DiMinin, 2013). No contexto do presente documento, a natureza potencialmente disruptiva é de particular interesse, dado que a Índia é o mercado de investigação. Este documento alarga o conhecimento existente sobre a inovação inversa numa perspetiva de inovação disruptiva, como se refere a seguir.

Aplicando a inovação inversa no âmbito das teorias existentes, verificamos que existe uma diferença entre tecnologias sustentáveis e tecnologias disruptivas. Quando a tecnologia disruptiva atinge o mesmo nível de desempenho que a tecnologia sustentável, a deslocação ocorre e, na maioria dos casos, prova o fracasso dos operadores históricos" (Christensen, 1997). A perturbação e a prova do fracasso dos operadores históricos também podem ocorrer através da inovação inversa. A inovação inversa pode ser disruptiva por natureza, mas nem sempre é esse o caso (Govindarajan, 2009). As inovações desenvolvidas para os países em desenvolvimento também podem ter atributos susceptíveis de perturbar o mercado do mundo desenvolvido, mas também podem simplesmente produzir produtos que são competitivos no mundo desenvolvido sem quaisquer elementos perturbadores.

Dito isto, a inovação inversa não é apenas um conceito que explica a globalização, vai muito mais longe, tendo também em conta a disrupção, o desenvolvimento de novas actividades de I&D, modelos de negócio e parece ser uma mudança do market push para o market pull, pelo menos para os consumidores dos países em desenvolvimento. Claramente, a inovação inversa é uma teoria complexa que difere de outras teorias conhecidas no mundo dos negócios. De facto, a inovação inversa consiste em transformar os não-consumidores em consumidores, identificando os pontos fracos dos clientes, reinventando o produto a partir do zero (inovação "clean slate") e criando novos mercados através de uma abordagem centrada no cliente (Govindarajan & Trimble, 2012). Na inovação inversa, as empresas têm por vezes de fazer exatamente o oposto do que costumavam fazer (ver Anexo 10.4).

De acordo com a teoria, a descentralização é mais difícil devido a factores locais, o que torna a inovação inversa um fenómeno difícil (Zedtwiz & Grassman, 2002). Nos países em desenvolvimento, em particular, pode ser necessária uma abordagem descentralizada, mesmo a um nível muito local, porque mesmo entre consumidores na base da pirâmide, existem muitas diferenças. Mas quando as empresas indianas quiserem expandir-se para os mercados desenvolvidos, deparar-se-ão com problemas semelhantes, uma vez que também poderá ser necessária uma abordagem descentralizada.

3.3 Inovação

A inovação é hoje utilizada por muitas empresas como parte do seu slogan e é considerada como o fator crucial para vencer num sector. A inovação é geralmente considerada como o principal motor do crescimento económico (INSEAD, 2011) e, por conseguinte, o fator-chave para o sucesso das empresas multinacionais. Schumpeter afirmou: "A inovação é a novidade na qual o valor é criado e distribuído" e é a introdução de novos bens, novos métodos de produção, a abertura de novos mercados, a conquista de novas fontes de abastecimento e a implementação de uma nova organização de qualquer indústria" (Schumpeter, 1942). As inovações podem ser radicais ou progressivas, consoante o seu grau de radicalidade. Através da inovação de produtos ou serviços, por exemplo, as empresas indianas podem introduzir esses produtos ou serviços nos países em desenvolvimento. A inovação simples pode potencialmente conduzir à inovação inversa, ao passo que, se a inovação for de natureza disruptiva, pode determinar em que medida as empresas indianas ganharão uma posição nos países desenvolvidos. Mas este documento mostra que o centro da inovação não está apenas nos países desenvolvidos, mas também em economias emergentes como a Índia. Além disso, um dos factores críticos de sucesso propostos mais tarde para a inovação inversa é o resultado da inovação, ou seja, a vantagem/caraterística única que um produto tem e a forma como se relaciona com o fenómeno que estou a estudar.

3.4 PAÍS

Países desenvolvidos: Países bem "desenvolvidos", como a maior parte da Europa, os Estados Unidos, a Austrália e o Japão. Os países desenvolvidos também pertencem ao que é conhecido como o mundo ocidental. Sempre que se faz referência a estes países no presente documento, trata-se dos Estados Unidos e, em especial, da parte ocidental da Europa.

Países em desenvolvimento : Países conhecidos pelo seu rápido crescimento em termos de PIB e, frequentemente, também de população. Os países em desenvolvimento são também conhecidos como economias emergentes ou antigos países do terceiro mundo. Ao mencionar países em desenvolvimento, estarei a referir-me, por exemplo, aos países BRIC, mas neste documento, mais especificamente à Índia.

3.5 MERCADO DE INVESTIGAÇÃO

País: Índia

Setor: Setor das telecomunicações

Categorização : Segmento

O sector das telecomunicações abrange uma variedade de empresas diferentes, que eu classifiquei em hardware, software, fabricantes e fornecedores de serviços de rede. Desta forma, o problema de generalizar o sector das telecomunicações como um sector específico é ultrapassado. Além disso, pode acontecer que as empresas pertencentes a um dos quatro segmentos tenham mais hipóteses ou incentivos para serem qualificadas como inovadoras inversas. Entre parêntesis, as letras com que são classificadas no Apêndice 10.3.

Hardware (H): esta categoria inclui empresas que produzem telemóveis ou phablets.

Software (S): Esta secção inclui empresas que fornecem software e soluções informáticas como criadores de aplicações bancárias móveis, bem como outros criadores de software e aplicações.

Fabricantes (M): os fabricantes de cabos de fibra ótica, acessórios e tudo o que é produzido, como equipamento de rede, estão incluídos nesta categoria.

Fornecedor de serviços (SP): Esta categoria inclui todos os tipos de fornecedores de serviços, mas a maioria das empresas são fornecedores de serviços de rede no mercado indiano das telecomunicações.

Para melhor compreender o fenómeno da inovação inversa, explicarei o ambiente da indústria das telecomunicações, principalmente através do segmento do hardware, e apresentarei também uma secção para o segmento do software. A escolha de segmentos dentro da indústria aumenta a generalização e a amostragem teórica destes segmentos ajuda-me a alargar as relações entre os conceitos e a ocorrência do fenómeno da inovação inversa. As razões para excluir os outros dois segmentos são as seguintes: os fabricantes não constituirão um bom exemplo de inovação inversa, uma vez que estas empresas são essencialmente produtoras de produtos e não inovadoras. Em segundo lugar, os prestadores de serviços são excluídos da investigação porque os fornecedores de redes são principalmente locais e a regulamentação torna muito difícil a expansão das empresas indianas para a Europa neste segmento.

3.6 Requisitos

Os requisitos devem ser vistos como facilitadores, sendo que os três requisitos seguintes permitem potencialmente que as empresas pratiquem a inovação inversa. Estes requisitos serão testados na secção de análise de casos do presente documento, onde serão apresentados todos os resultados.

3.6A Serviço de estrangeiros

O primeiro requisito é que a empresa que efectua a inovação inversa deve ter uma sede na Europa. O tipo de sede indicará a gravidade da ameaça que representa para as empresas europeias existentes. Pode ser um centro de I&D, uma sede regional ou simplesmente um pequeno escritório local, ou mesmo uma loja. Empresas como a Infosys e a Mahindra Comviva estão activas na Europa e também têm um escritório, enquanto a Mahindra Comviva vai mesmo construir um centro de I&D (Chowdhary, 2013). Dado que a inovação inversa aconselha as empresas ocidentais a adoptarem uma abordagem descentralizada, isto também se aplica às empresas indianas que vão fazer negócios na Europa. A Huawei, uma empresa chinesa de telecomunicações, por exemplo, já tem 13 centros de I&D e faz parcerias com outros centros de inovação, pelo que a descentralização parece ser muito importante para ter sucesso no estrangeiro (Chinadaily, 2013). Se todos os inovadores inversos tiverem um escritório físico, é isso que se espera deles e, ao mesmo tempo, está de acordo com a abordagem descentralizada aconselhada por Govindarajan e Trimble, 2012. Olhando para este requisito, posso facilmente classificar os inovadores inversos dos não-inovadores inversos.

3.6B AUMENTAR O CONHECIMENTO DA MARCA/DAS REDES SOCIAIS

No sector das telecomunicações, é cada vez mais difícil diversificar no próprio produto. Por esta razão, o marketing é muito importante para dar a conhecer a marca aos consumidores europeus, o que atualmente não acontece na maioria das empresas indianas e asiáticas em geral (Henderson et al. 2003). Para muitas destas empresas, é particularmente difícil criar uma marca internacional, até porque as marcas asiáticas são por vezes consideradas inferiores (Jacob, 2003). No entanto, a Samsung reinventou-se com sucesso, passando de um fornecedor de volume de baixo custo para uma marca de estilo de vida através de extensas campanhas de marketing (Martin, 2012). Isto permitiu-lhe ganhar consciência da marca e, em última análise, aumentar a sua quota de mercado.

Muitas empresas indianas de telecomunicações esforçam-se constantemente por construir uma imagem de marca específica no próprio país, mas se quiserem expandir-se para a Europa, o consumidor europeu precisa de confiar nessas marcas indianas em termos de qualidade e de estar ciente da existência da marca. Mas devido à rápida digitalização do mundo, a criação de uma imagem de marca pode ser feita mais rapidamente do que nunca, pelo que é uma das tácticas que as empresas podem adotar quando planeiam inovar ao contrário. Criar uma marca já não tem de ser dispendioso, uma vez que criar e gerir uma marca através das redes sociais é uma óptima solução (B. J. Winterfeldt, 2012). Esta abordagem torna mais fácil do que nunca chegar a um público global, pelo que as estratégias de marca e a atividade nas redes sociais dos estudos de caso serão investigadas para determinar se a empresa indiana pode ter potencial para ter sucesso com a sua marca também na Europa. A Huawei tem sido muito bem sucedida na Europa graças à sua estratégia de localização e à ênfase na investigação e desenvolvimento (Zhang, 2013). Mas não teria sido bem sucedida se não tivesse convidado os clientes, promovido um produto estável e estabelecido as joint ventures corretas para criar uma excelente imagem de marca (Fu, 2012).

3.6 C ESTRATÉGIA/MISSÃO

Para além disso, a estratégia e a missão da empresa em questão são essenciais. As orientações/metas, a estratégia externa e a presença de uma estratégia a longo prazo são factores que servem de condições para a inovação inversa. A visão a longo prazo pode ser o facto de a empresa querer expandir-se para a Europa e, por isso, ter desenvolvido uma estratégia adicional especificamente para as suas actividades no estrangeiro. Por exemplo, a Infosys declarou que pretende que 40% das suas receitas provenham do mercado europeu (sítio Web da empresa, 2014). Não se trata de uma estratégia vaga ou de uma declaração de missão, mas de uma declaração quantificável. Tais declarações são objectivos e o facto de serem ou não alcançados no imediato não é a questão, mas o facto de a empresa estar empenhada na sua estratégia a longo prazo pode ser necessário para que a inovação inversa seja bem sucedida. As estratégias baseadas apenas no aumento das receitas e dos lucros não conduzem à inovação em geral (Laurie & Harreld, 2013).

É necessária uma estratégia a longo prazo e uma estratégia internacional, porque é difícil para as empresas asiáticas estabelecerem-se num mercado que é culturalmente diferente do da Europa. É um processo que leva tempo e precisa de ser cuidadosamente gerido. A Huawei, por exemplo, já estudou as oportunidades oferecidas pela Europa há dez anos e depois implementou o seu plano de expansão (Zhang, 2013). A forma como algumas empresas indianas adoptaram esta estratégia ou estão a planear fazê-lo será mencionada na secção das conclusões.

3.7 FACTORES CRÍTICOS DE SUCESSO

Os factores que se seguem podem ser factores críticos de sucesso que servirão como novos blocos de construção para a teoria da inovação inversa, que pode ser testada empiricamente em grande escala em investigação futura. Estes factores serão tidos em conta na análise dos casos que se seguirá na secção 6.

3.7A RECURSOS HUMANOS

As empresas com um diretor executivo empreendedor tendem a ter um melhor desempenho (Tomczyk et al, 2013). Por conseguinte, o CEO pode ser um fator-chave de sucesso, incluindo para a inovação inversa. O comportamento de assunção de riscos é um dos pontos importantes na inovação inversa, pelo que os CEO que também assumem mais riscos podem aumentar o sucesso da inovação inversa; no entanto, o excesso de confiança pode prejudicar as hipóteses de sucesso (Bernardo, 2001). Além disso, a literatura sugere que os antecedentes e a experiência dos empresários têm uma forte influência no aspeto da globalização (McDougall et al., 1994), que é inerente à inovação inversa. Embora o próprio CEO se assemelhe à empresa, a sua perceção do risco associado à internacionalização vai no sentido da internacionalização com a empresa ou não

(F.J. Acedo, J. Florin, 2006). Immelt, CEO da General Electric, dá um exemplo de inovação inversa, com o rumo que está a dar à sua empresa. A forma como a inovação inversa ocorre, e porquê, pode ser explicada por este fator crítico de sucesso, uma vez que ele dirige toda a empresa.

Para determinar se o diretor-geral da empresa em questão é um empresário ou se, pelo menos, tem um passado empresarial, é-lhe atribuída uma pontuação de sim (1) ou não (2). Este resultado é obtido através de uma pesquisa na Internet na base de dados LexisNexis sobre o Diretor-Geral da empresa em questão, de informações fornecidas no sítio Web da empresa e de entrevistas disponíveis com o Diretor-Geral. Os critérios são os seguintes: se fundou a empresa em questão, se já fundou uma empresa, se foi cofundador ou se ganhou um prémio de inovação durante a sua carreira?

A adoção de inovações disruptivas e inversas não é um projeto de curto prazo e não deve ser tratada como inovações incrementais (Laurie & Harreld, 2013). Mas com muitos CEOs focados no curto prazo nos lucros trimestrais, estes tipos de inovações são frequentemente ignorados. Quando se tornam globais, o conselho é alavancar os activos complementares da empresa (Govindarajan & Trimble, 2010), o que pode, em última análise, conduzir a uma inovação disruptiva ou inversa. Uma das conclusões da literatura atual é que a inovação inversa irá perturbar a indústria atual, mas o momento exato em que ocorrerá e a forma como ocorrerá são variáveis desconhecidas (Hang, 2010). A análise do potencial das empresas indianas no sector das telecomunicações contribui de alguma forma para responder a estas questões.

3.7B PRODUTO/SERVIÇO

O produto/serviço oferecido pela empresa pode ser um dos factores de sucesso mais importantes para a empresa se esta quiser ser um inovador invertido de sucesso. A proposta de valor da empresa é oferecida através do seu produto e/ou serviço e é, por conseguinte, como o verdadeiro coração da empresa. Mais importante ainda, qualquer empresa que desenvolva um produto ou serviço com uma caraterística única tem o potencial de perturbar o mercado global. O mesmo se aplica à inovação inversa, uma vez que estas caraterísticas são todas desenvolvidas para o mercado indiano e podem ser de interesse também para os países desenvolvidos (Govindarajan, 2009). Os exemplos anteriores de inovação inversa ofereciam todos um benefício ou uma caraterística única que tinha sido desenvolvida para as necessidades das economias emergentes, mas que podia facilmente satisfazer as necessidades dos clientes dos países desenvolvidos. A caraterística única do carro Nano da Tata é o facto de ter um preço inferior a 2.000 dólares, o que o torna um exemplo de uma inovação inversa que também pode satisfazer as necessidades dos clientes dos países desenvolvidos.

A literatura indica que as empresas que obtêm uma pontuação elevada na inovação de produtos têm maior probabilidade de sucesso comercial (Kleinschmidt & Cooper, 2003). Além disso, as empresas que praticam a inovação radical internacionalizam-se mais rapidamente (Chetty & Stangl, 2010). Por conseguinte, comecei por determinar se a empresa oferecia uma vantagem ou caraterística única, que foi medida de forma interpretativa pela presença desta caraterística. O facto de esta caraterística poder ser descrita como nova para o mercado ou nova para o mundo é comprovado através da determinação da presença do produto em ambos os mercados. Se este produto ou serviço oferece algo de novo no mercado indiano, pode também conduzir a um êxito comercial na Europa. A empresa pode obter uma pontuação baixa, média ou alta no que respeita ao carácter único do avaliador. Isto depende dos produtos/serviços que oferece e do facto de se tratar de uma reformulação da marca do telefone ou de acrescentar caraterísticas interessantes. Ao acrescentar uma componente geográfica, neste caso a inovação inversa, é interessante determinar se um produto único incentiva as empresas a praticar a inovação inversa ( ). Pode muito bem acontecer que, graças à inovação inversa, os produtos estejam disponíveis a um preço mais baixo, tornando obsoleta a caraterística única.

3.7c DIMENSÃO DA EMPRESA

A dimensão da empresa é outro fator que pode explicar o facto de algumas empresas conseguirem inovar no sentido inverso ou planearem fazê-lo. A literatura diz-nos que quanto maior é uma empresa, maior é a probabilidade de se expandir para outros países (Bonaccorsi, 1992). Embora as empresas mais pequenas também possam ter a capacidade de se internacionalizar (Calof, 1993), é difícil fazê-lo devido à intensidade da rede no sector das telecomunicações. As grandes empresas, como a Bharti Airtel, a General Electric, a Nokia e a Tata, lançaram-se na inovação inversa, o que indica que a dimensão da empresa pode ser um indicador para as empresas que seguem esta estratégia. A dimensão da empresa é medida pelo número de trabalhadores, como é frequentemente o caso quando se mede a dimensão da empresa (Acs & Audretsch, 1987).

Consequentemente, uma empresa maior é considerada uma empresa com um maior número de trabalhadores.

4. METODOLOGIA

4.1 Estratégia de investigação

Realizei um estudo de caso qualitativo para explicar por que razão as empresas tentam praticar a inovação inversa. Algumas empresas seguem esta estratégia, enquanto outras nem sequer tentam ou simplesmente não conseguem adotar a inovação inversa da forma correta. A utilização de um método de investigação qualitativa permite-me captar a dinâmica temporal (Bansal e Coley, 2011) da inovação inversa. Este documento centra-se na construção de teorias, o que é ideal para responder à questão de saber por que razão ocorre um fenómeno (Eisenhardt e Graebner, 2007). A evidência é bastante anedótica e uma teoria principal sobre a construção da inovação inversa ainda não foi construída, devido ao facto de a teoria atual ser inadequada e incompleta. A teoria atual sofre de muitas deficiências. Por exemplo, atualmente não conseguimos responder a questões tão simples como a forma como as empresas procuram a inovação inversa e como esta estratégia pode ser bem sucedida. Combinando a construção de teoria com o desenvolvimento da teoria existente, o fenómeno pode ser explicado em maior profundidade. Uma vez que a questão de investigação é definida de forma ampla, existe uma grande flexibilidade, permitindo-me incluir qualquer indicador que possa responder à questão de investigação ou aproximar-se do objetivo da investigação, que é simplesmente compreender melhor o fenómeno. A utilização da abordagem escolhida permite-me incluir tudo o que possa ajudar-nos a compreender melhor a inovação inversa. Atualmente, é impossível adotar outra abordagem de investigação, porque a teoria atual é demasiado incompleta e tem demasiadas lacunas. A razão pela qual o teste teórico não é uma abordagem válida (Eisenhardt & Graebner, 2007) é que ainda não há nada para testar. Os conceitos não podem ser testados empiricamente, porque os indicadores de inovação inversa ainda não estão completamente desenvolvidos. Consequentemente, as propostas desenvolvidas indutivamente poderiam ser testadas em investigação futura.

A utilização de casos múltiplos permite a replicação, a extensão da teoria, a contra-replicação e a eliminação de explicações alternativas (Yin, 1994). Além disso, um maior número de casos permite uma maior generalização do que um estudo de caso único. Isto significa que este documento não se limita a uma análise de um único caso, uma vez que esta já foi efectuada. Para aumentar a generalização, são escolhidos segmentos do mercado das telecomunicações para a análise transversal. Além disso, é aplicada neste trabalho uma amostragem teórica, dado que as empresas com actividades mais sobrepostas tendem a apresentar argumentos mais fortes a favor das relações que os conceitos mantêm. Graças à estratégia de investigação indutiva, surgirá uma nova teoria a partir dos dados recolhidos. Como explica Siggelkow, 2007, os casos podem ser uma grande ajuda para refinar a teoria existente, destacando lacunas e, mais importante, começando a preenchê-las. Mostrar que, nalguns casos, a variável A não leva à variável B, como a teoria espera, também é importante para a investigação futura e para refinar a teoria existente (Siggelkow, 2007). Isto é tanto mais importante quanto o conhecimento teórico do fenómeno da inovação inversa é limitado e, até à data, este fenómeno não parece ocorrer com muita frequência. É interessante ver porque é que uma proposição declarada conduz por vezes a uma inovação inversa para uma empresa específica, mas não para outra. Como resultado, surgiram algumas proposições indutivas que podem ser frutuosas para as empresas, bem como para a literatura atual sobre este tópico.

No contexto desta questão de investigação orientada para o fenómeno, é necessário responder parcialmente à questão de investigação devido à falta de teoria plausível existente. A importância de explicar a inovação inversa decorre do facto de haver uma falta de teoria viável e de provas empíricas. Ao simplificar os exemplos da vida real, a inovação inversa pode ser mais facilmente explicada, ao passo que, atualmente, continua a ser um fenómeno abstrato. Os gestores devem estar conscientes das possibilidades oferecidas pela inovação inversa e compreender plenamente o grande potencial que representa nos mercados emergentes; ao mostrar exemplos concretos, decidirão mais rapidamente replicar a estratégia de inovação inversa. A inovação inversa, tal como é descrita atualmente, parece ser uma espécie de estratégia do oceano azul (Kim & Mauborgne, 2005) que todas as empresas estão sempre a tentar seguir.

Além disso, esta abordagem foi escolhida para contribuir para o desenvolvimento da teoria existente, ao mesmo tempo que preenche lacunas, o que é frequentemente o objetivo de uma abordagem de desenvolvimento da teoria (Pratt, 2009). O objetivo do estudo era encontrar as caraterísticas e os diferentes atributos que poderiam contribuir com uma nova componente para a literatura existente. Como resultado, a justificação para a prossecução da teoria torna-se mais clara. Esta investigação exploratória abordou uma série de questões que atualmente rodeiam o tema da inovação inversa. Por conseguinte, este documento não se limita a "preencher uma lacuna específica" na literatura, mas sim a mudar a forma como as empresas e os académicos pensam e falam sobre o fenómeno da inovação inversa (Bansal & Conley, 2011). A obtenção de novos conhecimentos sobre este fenómeno era da maior importância.

4. 1A REPRODUTIBILIDADE

Embora o sector das telecomunicações seja único, a inovação inversa é um conceito muito novo e amplo. Em teoria, os exemplos das indústrias automóvel e dos cuidados de saúde são ambos utilizados, enquanto a minha investigação sobre a indústria das telecomunicações proporciona uma visão mais aprofundada a partir de um ângulo diferente e de uma única indústria, onde a sobreposição comum da inovação inversa pode também ser aplicada a outras indústrias. Esta investigação também se relaciona com o poder que os países em desenvolvimento estão a começar a possuir, particularmente na indústria das telecomunicações. Este fator é inteiramente aplicável no mundo de hoje, onde a globalização é mais prevalecente do que nunca. A digitalização e a importância crescente dos meios de comunicação social aplicam-se a todos os sectores e não apenas ao das telecomunicações.

4.1B VALIDADE

Esta investigação exploratória baseia-se em extensas pesquisas em linha nos sítios Web das empresas, em declarações financeiras, na base de dados LexisNexis, em entrevistas em linha disponíveis com diretores executivos e num pequeno número de entrevistas realizadas com funcionários da Micromax, Reliance Communications e Spice Mobile. O modelo concetual proposto é principalmente o desenvolvimento de teorias actuais com análise de casos, em que as proposições desenvolvidas indutivamente são novas adições à teoria atual. Todas as novas contribuições oferecidas por esta investigação são recolhidas principalmente através do pensamento racional e lógico, dois factores-chave do método C-OAR-SE. Para que a validade da investigação seja elevada, é necessário realizar entrevistas em grande escala com gestores que ocupam cargos semelhantes nas empresas incluídas. Por enquanto, o aspeto teórico da investigação foi alcançado graças à adição de uma grande quantidade de informações e ao fornecimento de novos elementos para a inovação inversa. Em conclusão, nesta fase, o desenvolvimento da teoria existente é o mais importante.

4.1c Fiabilidade

Como explicado anteriormente, entrevistas semi-estruturadas em larga escala poderiam ajudar a confirmar as proposições feitas nesta investigação, mas isso terá de ser objeto de investigação futura. Em segundo lugar, a replicação destes casos oferece uma maior fiabilidade e permite que as empresas sejam seguidas numa análise de séries temporais, dado que a inovação inversa é um conceito que não é muito bem compreendido atualmente. Desde que os factores que indiquei forneçam novas informações que possam ser indicadores ou caraterísticas da inovação inversa, o objetivo de construção da teoria é alcançado. Se a análise cruzada de casos fornecer novas informações, a fiabilidade é suficiente para fornecer novos conhecimentos sobre o fenómeno da inovação inversa. Até agora, têm sido utilizados estudos de caso único para explicar a inovação inversa, uma vez que explicam como as empresas se comportam em circunstâncias extremas ou raras, mas como queremos saber mais sobre os padrões de inovação inversa, um estudo de casos múltiplos é mais fiável, pois permite-nos encontrar padrões comuns e explicar as relações entre os elementos constituintes.

4.2 Medidas

Atualmente, não existem medidas de inovação inversa. As teorias actuais sobre a inovação inversa baseiam-se em entrevistas com especialistas na matéria que dão a sua opinião. Estas baseiam-se muitas vezes em casos reais, mas quase nunca num sector específico, pelo que apenas determinadas empresas são citadas quando se fala de inovação inversa. Por muito claros que pareçam os argumentos do Diretor-Geral da GE, Immelt, com base nas suas conclusões e opinião, não posso medir a inovação inversa para outras empresas, nem posso explicar por que razão teriam êxito na inovação inversa. Além disso, a teoria de Sinha explica três factores de sucesso para a inovação inversa: *os recursos e a tomada de decisões devem ser localizados nos mercados emergentes, a organização local deve ser apoiada por tecnologia global e as organizações devem estar "dispostas a experimentar e a correr riscos",* mas estes factores são difíceis de medir e são sobretudo uma espécie de orientação sugerida para uma empresa. Em suma, quando uma empresa se enquadra na teoria da inovação inversa ou apresenta padrões semelhantes aos exemplos actuais da vida real, concluímos que se trata de uma empresa que inova em sentido inverso.

Não basta olhar para as patentes registadas na Índia e depois verificar se foram registadas na Europa, por exemplo (base de dados: Espacenet/Instituto Europeu de Patentes). As patentes nem sempre são registadas para utilização efectiva. A introdução efectiva de um produto pela empresa é um sinal mais claro de inovação inversa do que as patentes. Atualmente, as empresas indianas desenvolvem sobretudo produtos para o seu próprio mercado; a expansão seria, portanto, um sinal de inovação inversa. Estes pormenores situacionais podem realçar o processo de inovação inversa porque são formados em contextos organizacionais reais, o que fornece informações valiosas (Gephart, 2004). Aplicando também a teoria atual, são utilizadas duas medidas de inovação inversa, o que não é apenas uma interpretação, mas a adição da componente "introdução do produto" aumenta a probabilidade de uma empresa ser uma verdadeira inovadora inversa. Desta forma, ultrapassamos o obstáculo de estarmos demasiado concentrados na teoria atual e, por conseguinte, demasiado tendenciosos em relação ao tema. No que diz respeito às origens da inovação inversa, existem antecedentes/factores (variáveis independentes) que são apresentados no modelo concetual e que fornecem novas informações sobre a inovação inversa.

O primeiro passo foi lançar um processo iterativo, criando pares de empresas que, por exemplo, praticam a inovação inversa. Cada combinação de duas empresas é comparada com base nas semelhanças e diferenças, a fim de identificar quaisquer factores de sucesso ou antecedentes que possam ter permitido à empresa aplicar a estratégia de inovação inversa. Este processo é utilizado para desenvolver a teoria existente e tem como objetivo construir uma nova componente para a inovação inversa e, acima de tudo, responder à questão de como as empresas aplicam a inovação inversa. A sobreposição comum de pares ajuda a explicar o fenómeno, mas, em alguns casos, pode muito bem acontecer que um conceito não conduza à inovação inversa para a empresa X, enquanto o faz para a maioria das outras empresas. Será também importante explicar como é que isto é possível. Mas as empresas dentro dos segmentos também são comparadas, e não apenas em pares.

A utilização de várias fontes na recolha de dados aumentou a validade do constructo e a convergência das provas. Foi sempre necessário estar consciente das diferenças entre a teoria atual e o que aconteceu nos exemplos da vida real. Embora o documento se centre apenas nas empresas de telecomunicações na Índia, é possível generalizar analiticamente algumas conclusões que podem ser aplicadas à inovação inversa em geral. Ao selecionar casos contrastantes ou semelhantes, são lançadas as bases do documento. Em conclusão, algumas empresas só podem ter potencial para a inovação inversa. As empresas indianas têm estado em expansão recentemente, mas isso ainda não levou a uma expansão maciça no mercado europeu. Por conseguinte, ao medir a inovação inversa, o potencial de inovação inversa de uma empresa também é tido em conta.

4.3 ANÁLISE DE DADOS

Dado que este trabalho adopta uma abordagem teórica, o sector escolhido pode ser utilizado como base para explicar por que razão as empresas praticam efetivamente a inovação inversa e, mais importante ainda, como as empresas deste sector gerem o processo da sua inovação inversa. A análise das empresas indianas através da análise de casos cruzados dá uma indicação aprofundada da forma como as empresas se relacionam com a questão de investigação proposta. Os factores críticos de sucesso são interpretados de forma indutiva para determinar como as empresas adoptam a inovação inversa ou, se não o fizerem, em que fase do processo param. Finalmente, na secção de discussão, através da indução analítica, o que significa que passarei constantemente da indução para a dedução (Suddaby, 2006), são retiradas conclusões dos diferentes casos. Desta forma, posso transformar as ideias numa nova teoria, através do desenvolvimento de proposições. O desenvolvimento desta teoria é necessário para que as empresas compreendam o conceito e as oportunidades que surgem quando este é utilizado de forma correta ( ). No mercado turbulento e em mudança dos dias de hoje, o papel que a inovação inversa vai desempenhar pode remodelar todas as indústrias do mundo, por isso, analisando-a agora e especificamente num mercado como o das telecomunicações, podemos ter uma melhor ideia do que podemos esperar nos próximos anos.

4.4 MÉTODO C-OAR-SE

Para comparar as 12 empresas selecionadas do sector indiano das telecomunicações, é utilizado o método C-OAR-SE. O procedimento C-OAR-SE é frequentemente utilizado para desenvolver escalas para medir diferentes conceitos, principalmente na investigação de marketing (Finn, A., Kayande, U., 2005). Este método é um acrónimo que explica as seis etapas. Baseia-se na validação do conteúdo por peritos e não recorre à psicometria ou à estatística (Rossiter, 2002). Por conseguinte, os conceitos mais importantes do método C-OAR-SE dizem respeito ao conceito e à medição. Uma vez que os "atributos transversais" também são necessários na minha investigação qualitativa, o método C-OAR-SE revelar-se-á frutuoso, uma vez que alguns itens são medidos dicotomicamente, por sim ou não (Rossiter, 2002). Acima de tudo, o método C-OAR-SE privilegia a racionalidade e o pensamento lógico, o que se adapta perfeitamente à investigação interpretativa. Permite igualmente quantificar as variáveis independentes através de escalas. No desenvolvimento da teoria, os potenciais factores críticos de sucesso são procurados através de pesquisas na Internet e de provas anedóticas, aplicando o método C-OAR-SE.

O método C-OAR-SE compreende seis etapas:

1. Definição de construção
2. Classificação de objectos
3. Classificação de atributos
4. Identificação do avaliador
5. Formação de escamas
6. Enumeração

Edifícios

Os conceitos testados neste método são os três factores críticos de sucesso apresentados no modelo concetual. Estes conceitos foram cuidadosamente selecionados e cada um tem subcomponentes que traduzem o conceito em variáveis mensuráveis. O Apêndice 10.2 apresenta as componentes de segunda e primeira ordem de cada conceito.

Componentes de segunda ordem

As componentes de segunda ordem representam uma parte da variável/construto principal. Por exemplo, nos recursos humanos, a componente de segunda ordem é o diretor-geral.

Componentes de primeira ordem

As componentes de primeira ordem são as que representam a parte do conceito que é efetivamente medida. Estes componentes foram escolhidos porque são fáceis de estudar devido ao acesso à informação necessária e porque podem potencialmente explicar parte do conceito de inovação inversa. As fontes utilizadas são a base de dados NexisLexis, a base de dados .moneycontrol, relatórios anuais, entrevistas com CEOs e várias outras fontes de informação online. Um exemplo de um componente de primeira ordem é medir se um Diretor Executivo tem experiência empresarial.

Avaliadores

Quando se procuram modelos transversais, é aconselhável utilizar variáveis discretas. É necessário especificar o objeto a avaliar, em que é avaliado e como é realmente avaliado (Rossitier, 2011). Os componentes de primeira ordem que serão respondidos por sim ou não são avaliados dicotomicamente, com um 1 a representar um sim e um 0 um não. No caso da singularidade do produto/serviço ou do carácter inovador da empresa, é atribuída uma pontuação baixa, média ou alta à componente de primeira ordem. As pontuações médias ou altas indicam um potencial de inovação inverso, mas só podem fornecer uma espécie de sobreposição positiva entre os diferentes casos da variável dependente.

Balanças

As escalas baixa, média e alta foram desenvolvidas para explicar o grau de inovação, que é frequentemente o caso quando se comparam empresas no exemplo da Forbes 500. Assim, as empresas podem ser classificadas em três categorias. No que diz respeito à dimensão da empresa, as decisões dos avaliadores foram tomadas ao criar uma visão geral das 40 empresas; além disso, foi categorizada de forma semelhante em investigações anteriores (Acs, Audretsch, 1987). O número de empregados é estudado através de uma pesquisa online no Linkedin e nos sítios Web das empresas. Foram criadas quatro categorias: menos de 500 empregados, 501-1000, 1000-1500 e mais de 1500 empregados, cada uma recebendo uma pontuação de um, dois, três ou quatro.

5. SELEÇÃO DE CASOS

5.1 CRITÉRIOS DE SELEÇÃO

Foram utilizadas duas bases de dados para a pesquisa de empresas: VentureXpert (Thomson) e Zephyr. Esta última base de dados é muito utilizada para a pesquisa de capital de risco. Embora a informação contida nesta base de dados seja recolhida no âmbito de um inquérito anual, que reúne dados de mais de 1000 empresas de private equity nos Estados Unidos, também é relevante para os investimentos destas empresas no estrangeiro (Guler e Guillen, 2010). Estas duas bases de dados contêm toda a informação sobre os investimentos de private equity a nível mundial. O objetivo desta base de dados era procurar as empresas de telecomunicações indianas que receberam capital de risco de investidores ocidentais durante o período 2008-2012. Os negócios de capitais privados de maior dimensão podem dar origem a empresas maiores, aumentando as hipóteses de introduzir um produto no mundo desenvolvido. Em segundo lugar, a pesquisa na Web também é utilizada para selecionar grandes empresas de telecomunicações indianas que estão a ter bons resultados nos seus próprios mercados. As empresas cujas marcas são bem conhecidas na Índia ou que têm uma quota de mercado significativa podem ser de interesse, uma vez que podem ter os recursos necessários para se expandirem para a Europa. Por isso, também vale a pena analisar as empresas de telecomunicações indianas mais influentes. As empresas não são selecionadas ao acaso, uma vez que as incluídas no meu estudo devem contribuir para responder à pergunta de investigação (Siggelkow, 2007). A amostragem teórica ajuda-me a responder mais facilmente à pergunta de investigação.

Após ter selecionado as 40 empresas de telecomunicações enumeradas no Apêndice 10.1, foi necessário prosseguir a investigação para selecionar os casos mais interessantes. A seleção de mais casos não será frutuosa na fase atual das empresas de telecomunicações indianas, uma vez que as empresas chinesas, conhecidas por estarem um pouco à frente no que diz respeito à expansão para os países em desenvolvimento, começaram agora a expandir-se, por exemplo, para a Europa. Em segundo lugar, no presente documento é utilizada uma amostra teórica, uma vez que o conjunto inicial de 40 empresas já era demasiado grande, pelo que este número foi reduzido. A informação disponível online foi um critério muito importante, pois infelizmente não foi possível efetuar entrevistas semi-estruturadas. É por isso que, no final, apenas doze empresas foram utilizadas nesta investigação. Do grupo final, foram selecionadas oito empresas do segmento dos telemóveis para formar o primeiro grupo de investigação. Além disso, foram selecionadas quatro empresas do sector dos serviços informáticos/software para procurar diferenças entre os segmentos. Estas empresas são associadas e comparadas com base nos quatro factores críticos de sucesso e em todos os outros dados disponíveis. Este estudo de casos múltiplos dentro de um único sector está mais bem fundamentado e é mais preciso do que os estudos anteriores.

Para ambos os segmentos, são explicadas as semelhanças e as diferenças entre estas empresas. As conclusões relativas ao primeiro grupo (hardware) foram tiradas em primeiro lugar, enquanto o segundo grupo (software) serviu de apoio. Além disso, foi feita uma conclusão geral com os tipos polares, que representam empresas contrastantes que facilitam a observação dos modelos (Eisenhardt & Graebner, 2007). Ao comparar as empresas que praticam a inovação reversa com as que não a praticam, outras contribuições teóricas foram feitas. No caso ideal, as empresas que praticam a inovação reversa possuem caraterísticas semelhantes, enquanto as empresas que não a praticam diferem das que a praticam.

5.2 RECOLHA DE DADOS

Os primeiros quatro pares são constituídos por empresas activas no mercado das telecomunicações, mas no segmento do hardware. Representam empresas que estão principalmente na Índia, a Apple e a Samsung do seu país, oferecendo uma vasta gama de modelos que respondem às necessidades do consumidor indiano. Consultando o sítio Web da empresa ou artigos de imprensa, determinei se a empresa se tinha desenvolvido na Europa ou nos Estados Unidos, vendendo produtos ou serviços. Utilizando a base de dados LexisNexis, escolhendo a opção: high similarity - on para excluir artigos duplicados, as introduções de novos produtos podem ser encontradas como sendo categorizadas para a empresa específica. Esta base de dados contém todas as informações sobre as empresas e é, por conseguinte, uma fonte frutuosa para o que estou a tentar estudar. Nesta base de dados, analisei especificamente o período 2012-2014, para ver se uma determinada empresa lançou ou não um produto no mundo desenvolvido.

Os outros dois pares são empresas de serviços de TI, de software móvel e de infra-estruturas móveis. Dado que muitos serviços já são subcontratados à Índia, estes serviços também podem ter interesse para o mercado ocidental. O objetivo deste segundo grupo era encontrar um modelo que apoiasse as afirmações do primeiro grupo. Bases de dados como a LexisNexis forneceram todo o tipo de informação desde 2012 até à atualidade. Dado que se trata de um mercado em rápida evolução, as informações mais antigas, com exceção da estratégia de crescimento desenvolvida para o comerciante individual, não serão relevantes. As informações relevantes incluem informações financeiras, estratégias de crescimento e de marketing, lançamentos de produtos e planos de internacionalização. As entrevistas com os diretores executivos das empresas são também utilizadas para explicar como é que a empresa chegou ao ponto em que se encontra atualmente e para onde vai.

5.3 MÉTODO DE RECOLHA DE DADOS

As informações necessárias para este documento foram recolhidas numa variedade de fontes. Todos os sítios Web da empresa foram utilizados para obter informações. Além disso, os relatórios anuais, as informações financeiras, os sítios Web de notícias e a base de dados LexisNexis foram amplamente utilizados para obter as informações mais recentes sobre a empresa. As entrevistas com os diretores executivos das empresas também forneceram informações interessantes, mas nunca diretamente sobre a inovação inversa ou a expansão na Europa. No final, os quadros 1 e 2 foram criados com recurso a todas estas fontes.

6. Conclusões e resultados

6.1A Conclusões

A investigação aprofundada dos casos selecionados no sector das telecomunicações produziu algumas conclusões interessantes. Os requisitos foram investigados para os casos selecionados e a análise dos casos está organizada no Quadro 1. Alguns dos resultados são explicados no texto desta secção, enquanto outras informações sobre as empresas são apresentadas nos quadros 10.6.1 e 10.6.2 (Anexo 10.6).

Escritório no estrangeiro

Como já foi explicado na secção sobre o quadro teórico, é necessário um escritório no estrangeiro, ou seja, um escritório físico, um centro de I&D ou uma loja, para aplicar a estratégia de inovação inversa. Os estudos de casos não lançam qualquer luz sobre este fator, uma vez que apenas a existência de um escritório no estrangeiro pode indicar a ocorrência de inovação inversa, ao passo que, se uma empresa planeia ter um escritório, isto pode potencialmente conduzir à inovação inversa. As quatro empresas do segmento do software tinham escritórios na Europa, enquanto muitas empresas do segmento do hardware ainda não o fizeram. Os sítios Web das empresas forneciam informações sobre os escritórios internacionais, pelo que os dados foram facilmente subtraídos. Consequentemente, as empresas que não têm um escritório físico na Europa ainda não estão activas na Europa, como mostra o quadro 2.

Conhecimento da marca/das redes sociais :

Como explicámos anteriormente, a notoriedade da marca é essencial, especialmente no segmento do hardware de TI. Nem sempre são os melhores produtos que vendem, mas o marketing e a marca vendem. A utilização das redes sociais e das estratégias de branding pode ter um grande impacto para as empresas que procuram a inovação inversa nos países desenvolvidos. Os estudos de caso mostram que as empresas estão a adotar estratégias diferentes. Por exemplo, a Lava Mobiles e a XOLO são tecnicamente a mesma empresa, mas são comercializadas com dois nomes diferentes. A XOLO foi criada principalmente para mudar a marca de telemóveis e outros dispositivos. Com o segmento dos telemóveis a sofrer de diluição da marca, foi uma jogada inteligente, com a XOLO a centrar-se especificamente no mercado de topo de gama. Reinvestir uma grande parte das suas receitas duplicadas em marketing para o próximo ano, o que aumentará a notoriedade da marca, é o plano da empresa (Lighting, 2013). Como parte destas campanhas, a XOLO está a associar-se ao clube de futebol inglês Liverpool, dando provavelmente o primeiro passo para o reconhecimento da marca na Europa (The Times of India, 2014). A Samsung (Chelsea) e a Huawei (Arsenal, Ajax) deram passos semelhantes no passado. A Micromax Mobiles está a adotar uma abordagem diferente mas semelhante, criando uma imagem de marca jovem através de MMS (filmes, música, desporto). Os contratos com actores (Hugh Jackman), cantores (Enrique Iglesias) e DJs (Deadmau5) ajudam muito a atrair clientes jovens (Exchange4Media, 2014). Estas abordagens também ajudam as empresas indianas a criar uma imagem mais internacional (Techfirstpost, 2013). O que a Micromax faz melhor é o branding, e esta é uma das áreas vitais para o sucesso, o que pode indicar que a Micromax está a transformar-se na próxima Samsung. Outra abordagem é adoptada pela VideoCon, que tem uma equipa totalmente dedicada às redes sociais, pronta a responder às perguntas dos clientes em praticamente qualquer lugar e a qualquer momento. A Maxx Mobiles vai ainda mais longe, utilizando as redes sociais para se tornar uma marca estabelecida (Singh, 2013). Através de campanhas de marketing em massa, oferece os seus novos modelos, utilizando mesmo hashtags no Twitter para os lançamentos. A utilização das redes sociais é uma alternativa barata para construir a sua marca (B. J. Winterfeldt, 2013) e parece que as empresas indianas estão a começar a compreender isto muito bem. Mas é preciso conhecer os clientes-alvo e fazer apenas marketing relevante para os atrair e manter, caso contrário pode prejudicar a reputação da marca (Vishwanat Alluri, CEO da Imimobile).

Estratégia

Estrategicamente, muitas empresas indianas estão a utilizar muitas das ideias de inovação inversa apresentadas no Apêndice 10.4. Estas empresas sabem como impulsionar o consumo entre os não-consumidores e lidar com produtos de grande volume e baixo preço. Por exemplo, a Karbonn mobiles estabelece constantemente objectivos/metas claros e tenta alcançá-los através da inovação contínua dos produtos, utilizando a interação com os clientes para obter feedback, o que lhe permite expandir a sua rede. Em muitos casos, a empresa passou de local a nacional no espaço de apenas alguns anos. Os telemóveis Micromax passaram de uma marca barata a uma marca com uma boa relação qualidade-preço, levando a tecnologia móvel às massas comuns e aos consumidores da base da pirâmide, aplicando o princípio da acessibilidade (DQ Channels, 2014), embora esta estratégia seja adoptada por muitos. Ao criar primeiro o consumo em novos mercados, através de uma estratégia de impulso tecnológico, muitas empresas conseguiram desbloquear as necessidades ocultas dos não-consumidores (DQ Channels, 2014). Atualmente, a interação e o feedback dos clientes são muito mais importantes e estão a ser adoptadas abordagens mais agressivas para a aquisição de clientes, como a Videocon está a fazer. A aquisição é o primeiro passo, enquanto a retenção exige talvez ainda mais tempo e esforço. A Karbonn, por exemplo, mantém os seus níveis de serviço tão elevados quanto possível no que respeita às vendas e ao serviço de apoio ao cliente. Até os utiliza nas fases difusas de front-end/back-end da cadeia de valor da inovação (Alam, 2006), o que, combinado com várias fontes, mostra que a Karbonn compreende a mentalidade dos clientes indianos. Um dos princípios organizacionais também parece ser aplicado, aproveitando os recursos globais para uma equipa de crescimento local (Govindarajan, 2009), que se assemelharia à divisão Karbonn Mobiles. Esta estratégia também está a ser aplicada pela Spice Mobiles, que está constantemente a utilizar os conhecimentos adquiridos noutros mercados e a aplicá-los ao mercado dos telemóveis. Outra estratégia clara é a da Infosys, que afirma querer gerar 40% das suas vendas no mercado europeu (sítio Web da empresa, 2014). Estes sinais sugerem que existem várias estratégias que podem ser copiadas quando se entra na Europa ou se mantém um elevado nível de atividade empresarial na região.

6.1B CONCLUSÕES

Certos factores críticos de sucesso conduziram ao desenvolvimento de propostas que merecem um estudo mais aprofundado. Cada fator crítico de sucesso é explicado a seguir através dos casos selecionados. Os resultados mais importantes são mencionados nesta secção, enquanto os outros resultados são brevemente mencionados nos quadros 10.6.1 e 10.6.2 (anexo 10.6). No Quadro 2, cada fator crítico de sucesso é respondido pelos avaliadores, tal como descrito acima, pelo que este quadro dá uma visão geral das 12 empresas incluídas. Além disso, esta parte do documento inclui uma secção sobre os resultados da inovação inversa, que também está organizada no Quadro 2.

DIRECTOR EXECUTIVO

Embora a maioria das empresas selecionadas tenha um diretor executivo com experiência empresarial, algumas têm um objetivo e uma visão claros através do seu diretor executivo. Não existe uma relação direta entre um diretor executivo empreendedor e o facto de uma empresa inovar ou não no sentido inverso, mas pode ser indiretamente o caso. Dado que a inovação inversa se sobrepõe, em certa medida, à inovação disruptiva, os diretores executivos não devem centrar-se apenas em objectivos de curto prazo, uma vez que isso só conduziria a uma inovação incremental (Laurie & Harreld, 2013). Por conseguinte, os diretores-gerais devem orientar as empresas para uma via de crescimento e mesmo de expansão. As empresas com um CEO empreendedor parecem ser comercialmente bem-sucedidas, como sugere a teoria (Tomczyk, 2013). Este fator é, portanto, de interesse para determinar se aumentaria diretamente as hipóteses de sucesso na prossecução da inovação inversa. O CEO da Micromax, por exemplo, orientou a empresa a partir da sua visão para a produção, mas, mais importante, para os mercados internacionais (Jain, 2014).

Produto/serviço

A teoria da inovação inversa poderá, num futuro próximo, ser aplicada a muitas das empresas mencionadas no presente documento. A personalização em massa poderia ser uma forma de servir o mercado europeu. A Maxx mobiles está a lançar 250 novos modelos este ano (Agarwal, 2014). Com esta abordagem, os clientes têm a oportunidade de escolher efetivamente o produto que desejam. Em segundo lugar, a iBall desenvolveu um telemóvel especializado na segurança das mulheres, uma vez que oferece um botão SOS que alerta amigos específicos quando a mulher está em perigo (Puri, 2013). Este é um nicho de mercado, mas também poderia surgir um telemóvel para crianças. Nem um nem outro

Estes mercados europeus são levados muito a sério, o que pode ser benéfico para a empresa. Uma outra inovação que a Spice Mobiles está a procurar relaciona-se mais com o nível de serviço ou com a forma como o produto é oferecido. A empresa está a criar lojas Androidland, a versão androide das lojas Apple. Através destas lojas Androidland, a empresa pretende que os clientes experimentem a sensação do Android nestas lojas (PR.com, 2013). A Apple teve grande sucesso com esta estratégia e este poderia ser um ponto de venda único para a Spice Mobiles.

Para além da capacidade de inovar através da inovação inversa, esta última permite que os produtos sejam fabricados a custos mais baixos, pelo que o preço é uma vantagem competitiva para muitas empresas indianas. A Celkon Mobiles é uma das empresas que oferece telemóveis a preços inimagináveis na Europa, mas diz, por exemplo, que não vai expandir-se. Oferecer um preço mais baixo não é suficiente para expandir. O preço não é o fator mais decisivo para o mercado do material informático na mente do consumidor europeu. Por conseguinte, a presença de uma caraterística única pode não ser, a curto prazo, necessária para prosseguir a inovação inversa e penetrar no mercado europeu, mas tornaria certamente as coisas mais fáceis e ajudaria a conquistar uma quota de mercado razoável. Com um potencial significativo para as empresas indianas, este fator crítico de sucesso pode ter uma grande influência.

Dimensão da empresa

A literatura (Calof, 1994) indica que a dimensão da empresa está positivamente relacionada com o comportamento de exportação, mas se os casos selecionados forem examinados, tanto as pequenas como as grandes empresas exportam. Dado que são frequentemente as pequenas empresas que encontram as lacunas, mesmo as pequenas empresas podem ser capazes de praticar a inovação inversa, mas um estudo das PME que utilize uma abordagem de inovação inversa só seria capaz de explicar se isto é verdade. O que sabemos é que, graças às redes sociais e à digitalização do mundo, quase todas as empresas podem tornar-se globais. No entanto, para o sector das telecomunicações em particular, e especialmente para as empresas de hardware, é necessária uma certa "dimensão" para ter pelo menos algum potencial de sucesso no mercado europeu. Contrariamente a esta afirmação, a Lava mobiles/XOLO é uma empresa relativamente pequena, que, no entanto, tem um forte potencial de inovação inversa, como explicaremos brevemente na secção dedicada à inovação inversa. No segmento do software, verificamos que a Druva, uma pequena empresa em fase de arranque com menos de 500 trabalhadores, já está ativa à escala mundial. Será necessária investigação futura para determinar se este é um fator importante.

Inovação inversa

Muitas das 40 empresas selecionadas ainda não mostraram quaisquer sinais de inovação inversa (ver Quadro 1). Se estão a olhar para além da fronteira indiana, estão sobretudo interessadas em países cujos consumidores estão também na base da pirâmide, como o Bangladesh e o Nepal. A África no seu conjunto está também no radar de muitas empresas, tal como países em rápido crescimento como o Brasil, o México e a Rússia. Esta situação pode ser explicada pelo facto de as empresas indianas não considerarem o mercado europeu suficientemente atrativo, uma vez que representa metade da dimensão do seu mercado nacional. Além disso, há mais consumidores na base da pirâmide, pelo que a exportação para estes países parece atractiva em termos de quantidade. Em segundo lugar, competir simultaneamente em dois mercados tão ferozes poderia ser demasiado arriscado. Em terceiro lugar, poderiam sofrer os problemas associados à expansão transfronteiriça, tal como explicado mais pormenorizadamente na secção 8.4. Em quarto lugar, não sabem como se posicionar no mercado europeu e, por conseguinte, não estão ainda em condições de criar uma notoriedade mundial, o que é uma exigência, nomeadamente no segmento do hardware. O posicionamento em mercados semelhantes é mais fácil e mais cómodo porque a estratégia nacional é replicada. Por último, é possível que a aplicação da inovação inversa seja mais difícil do que as teorias actuais explicam.

As empresas que praticam a inovação inversa estão principalmente activas no segmento do software, onde puderam adquirir conhecimentos graças a todos os projectos de externalização para a Índia neste segmento. Uma conclusão indireta poderia ser que as empresas europeias ajudaram as empresas indianas a desenvolverem-se. A Mahindra Comviva, por exemplo, já está presente no mercado europeu há vários anos e está atualmente a planear a criação de um centro de I&D na Europa (Chowdhary, 2013). Esta abordagem globalmente ligada (Zedtwitz & Grassmann, 2002) adoptada pela empresa é uma abordagem descentralizada, que pode ser consistente com a inovação inversa. Isto significa que a investigação, mas também o desenvolvimento, tem lugar fora das fronteiras nacionais ( ). Outra opção adoptada pelas empresas indianas é posicionarem-se na Europa de Leste (InfoySys) e na Rússia (Lava Mobiles, hardware), a fim de atenuar o risco quando se expandem para a Europa (Prasad, 2013). Por exemplo, a Lava Mobiles está a expandir-se para a Rússia, levando os produtos à porta do cliente (The Economic Times, 2014). A empresa coloca os seus escritórios e lojas ao alcance dos clientes para aumentar a notoriedade da marca, facilitando a disponibilidade, um dos quatro 'A's (Andersen e Billou, 2007). A empresa está a tentar replicar o seu sucesso em novos mercados, dando nova ênfase às suas inovações de produtos e ao seu excelente serviço (Szulanski e Winter, 2002). A Imimobile é outra empresa que está a mudar o jogo a nível mundial, com serviços que já chegam a mais de mil milhões de pessoas em todo o mundo. Tem clientes como a Google, a Vodafone e a Yahoo (sítio Web da empresa, 2014) e está a investir fortemente nos mercados desenvolvidos.

Mas para as empresas já activas no mercado europeu, parece ser mais importante uma razão que não o crescimento. A entrada neste mercado maduro e bem desenvolvido poderia proporcionar às empresas indianas uma maior estabilidade em termos de receitas. Para as empresas que ainda não se desenvolveram, a Europa pode muito bem ser uma opção futura, dado que se prevê um abrandamento do crescimento nas economias emergentes (The Economist, 2013). A internacionalização é uma forma de reduzir o risco, como sugere a literatura (Knickerbocker, 1973). Prevê-se que o mercado dos serviços de valor acrescentado (SVA) cresça 15% ao ano e que 25% do volume de negócios total destas empresas esteja ligado à banca móvel (Oberoi, 2011). Estes números explicam, em parte, a expansão das empresas de software, ao passo que, no mercado do hardware, o mercado europeu sofre de saturação.

No entanto, no mercado do hardware, a XOLO é descrita como uma das poucas marcas indianas com potencial para se tornar global e ter sucesso. Isto deve-se ao facto de a XOLO não estar ligada a um fabricante de SoC (system-on-a-chip), mas sim à Qualcomm, NVIDIA, MediaTek e Intel (Gomo news, 2013). Outra empresa indiana, a Micromax, já vende 22% do número total de telemóveis (IDC, 2013) e a sua estratégia de crescimento termina com a previsão de que poderá já ultrapassar a Samsung como a maior marca de smartphones do ano (YourStory, 2014). São já tantos os indícios de que as empresas indianas estão a ganhar vantagem sobre as multinacionais estrangeiras no seu sector, que a Micromax já está a olhar para além do seu próprio país e dos países vizinhos, expandindo-se para a Rússia, por exemplo.

Além disso, a Karbonn e a Lava Mobiles também estão a analisar este mercado em busca de oportunidades (Mitra, 2014).

6.2 Resultados

A utilização de casos permite-nos estudar as unidades de análise. Explicar a realidade através dos actores sociais que interagem ajudar-nos-á a compreender melhor o conceito de inovação inversa. Assim, através de modelos qualitativos, a secção de discussão irá alimentar o fenómeno da inovação inversa. Os quadros 1 e 2 apresentam a categorização dos casos utilizados de acordo com os factores críticos de sucesso e os requisitos. Para ambas as tabelas, foram utilizados os avaliadores do apêndice 10.3.

	Requirements			
Firm	**Brand awareness**	**Foreign strategy**	**LT Strategy**	**Office in Europe**
Lava Mobiles (XOLO)	High	Yes	No	No
Karbonn Mobiles	High	No	Yes	No
Micromax Mobile	High	Yes	Yes	Yes
Spice mobiles	Low	No	No	No
VideoCon	Medium	No	No	No
Celkon mobiles	Low	No	Yes	No
iBall	Medium	No	Yes	No
Maxx mobiles	High	No	Yes	No
Mahindra Comviva	High	Yes	Yes	Yes
Imimobile	Low	Yes	Yes	Yes
Druva	Low	Yes	No	Yes
Infosys	Medium	Yes	Yes	Yes

Table 1. Requirements

	Critical success factors					
Firm	**Segment**	**Entrepeneur**	**Uniqueness**	**Innovativeness**	**Firm size**	**Reverse innovatior**
Lava Mobiles (XOLO)	H	Yes	Medium	High	2	Potential
Karbonn Mobiles	H	Yes	High	High	3	Potential
Micromax Mobile	H	Yes	Medium	High	3	Yes
Spice mobiles	H	Yes	Medium	Medium	4	Potential
VideoCon	H	No	Medium	Medium	4	Potential
Celkon mobiles	H	No	Low	Medium	2	No
iBall	H	Yes	High	Medium	2	Potential
Maxx mobiles	H	Yes	High	High	3	Potential
Mahindra Comviva	S	No	High	High	3	Yes
Imimobile	S	Yes	High	High	2	Yes
Druva	S	Yes	Medium	Medium	1	Yes
Infosys	S	Yes	Medium	High	4	Yes

Quadro 2. Factores críticos de sucesso e potencial de inovação inversa.

7. QUADRO TEÓRICO DOS FACTORES CRÍTICOS DE SUCESSO E REQUISITOS

7.1 INFORMAÇÕES

Para responder à questão de investigação, precisei de identificar os factores que podem permitir às empresas inovar no sentido inverso e de explicar quais os factores que podem ser críticos para o sucesso na prossecução da inovação inversa. Estes mecanismos subjacentes fornecem um quadro teórico que nos ajuda a compreender a inovação inversa como uma teoria mais concisa do que é atualmente. Os requisitos para a prossecução da inovação inversa são o resultado da investigação de exemplos reais conhecidos, de casos utilizados e do que a literatura diz sobre a inovação inversa em geral. O resultado é um modelo concetual.

7.2 MODELO CONCETUAL

Este modelo concetual explica os factores críticos de sucesso explicados acima, bem como os requisitos. Embora o modelo concetual se reduza a alguns requisitos e factores críticos de sucesso, foram recolhidas outras informações potencialmente interessantes no decurso da investigação, mas que serão mencionadas na discussão ou serão objeto de investigação futura. A inovação inversa pode ser explicada por mais de três variáveis, mas neste modelo serão utilizadas três variáveis independentes para explicar a variável dependente, a inovação inversa. Estas variáveis foram desenvolvidas a partir de exemplos reais em que estes factores desempenharam um papel e em combinação com a literatura, onde há provas de que estes factores são importantes para a inovação regular. Assim, estas três variáveis independentes e, consequentemente, os conceitos teóricos, surgiram indutivamente a partir de provas empíricas e desta investigação baseada em casos, o que é sugerido quando se constrói uma teoria a partir de casos (Eisenhardt & Graebner, 2007).

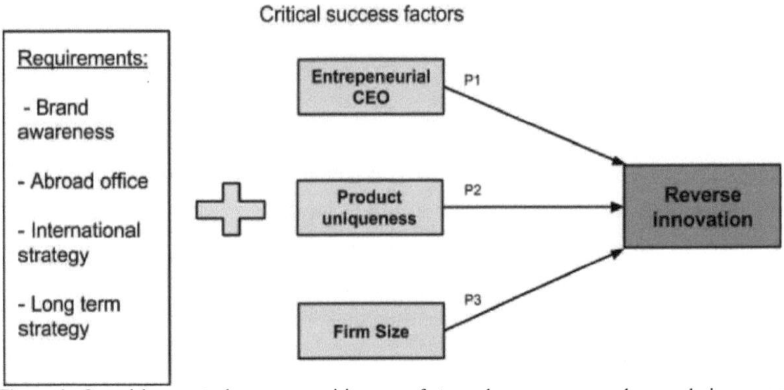

Figura 1: O modelo concetual com os requisitos e os factores de sucesso que podem conduzir ao conceito dependente.

7.3 PROPOSTAS

As propostas surgiram graças ao interpretativismo, e como esta investigação é uma construção teórica, as propostas desenvolvidas são principalmente para investigação futura. Os factores críticos de sucesso contribuíram para o desenvolvimento de propostas que podem ser testadas empiricamente em grande escala em investigações futuras. Como se pode ver, as propostas derivam diretamente do modelo concetual.

A questão de investigação é a seguinte:

Como é que as empresas estão a aplicar a inovação inversa no sector indiano das telecomunicações?

Com base nesta questão de investigação e em combinação com o modelo concetual, foram desenvolvidas as três propostas seguintes:

pl. As empresas cujos diretores executivos têm experiência empresarial são mais propensas a praticar a inovação inversa.

p2. As empresas que têm um produto com uma caraterística ou vantagem única na sua carteira de produtos são mais susceptíveis de se envolverem em inovação inversa.

p3. Quanto maior for a empresa, maior é a probabilidade de praticar a inovação inversa.

As três proposições são utilizadas para mostrar uma contribuição teórica, o que é cada vez mais comum na investigação (Bansal & Conley, 2011). Estas proposições foram desenvolvidas de forma indutiva e parecem lógicas devido a exemplos anteriores do mundo real ou da inovação inversa. No entanto, nem todos os conceitos individuais podem ter um efeito único na ocorrência da inovação inversa. No âmbito de uma teoria complexa como a da inovação inversa, a combinação de factores pode conduzir à inovação inversa, o que significa que, apesar de um diretor executivo ter um passado empresarial, se a sua empresa não for inovadora ou pequena, é pouco provável que ocorra inovação inversa. Isto é consistente com a teoria fundamentada, que afirma que se trata principalmente de compreender as relações entre os actores sociais e como estas relações e interações constroem ativamente a realidade (Glaser & Strauss, 1967).

8. Discussão

8.1 Resumo dos resultados e da teoria

Parece ser mais dispendioso reduzir a escala dos produtos do que desenvolvê-los de raiz, como as empresas indianas estão a fazer. Consequentemente, as empresas indianas podem cobrar preços mais competitivos e criaram uma vantagem competitiva para si próprias, uma vez que os telemóveis estão a tornar-se mercadorias. Na Europa, o principal indicador de desempenho dos telemóveis é a especificação, mas como é quase impossível diferenciar-se pela especificação, o preço está a tornar-se mais relevante. Os telemóveis indianos são disruptivos por natureza (Bower & Christensen, 1995), porque podem não ter um desempenho tão bom como os outros em termos de especificações, como ecrãs e câmaras, mas não ficam muito atrás. Em termos de preço, são os favoritos, e o preço pode tornar-se o próximo atributo de desempenho valorizado. Como dar a volta à inovação: conhecer o cliente europeu, criar consciência da marca, oferecer produtos de qualidade a preços razoáveis e um serviço pós-venda impecável. Como mostra o quadro 2, muitas empresas indianas ainda não estão a desenvolver-se na Europa, o que indica que

que a inovação inversa não arrancou. No entanto, muitas destas empresas têm um grande potencial para competir com as maiores marcas do mundo, como a Apple e a Samsung.

8.2 Implicações teóricas

Immelt, 2009, alerta para o poder das empresas emergentes e, através desta investigação, não posso deixar de concordar. As empresas indianas podem tornar-se muito importantes no mercado global, desde que saibam gerir a sua expansão para os países desenvolvidos. Esta investigação sobre o sector das telecomunicações vem complementar a literatura atual. Até agora, as teorias têm-se centrado apenas em qualquer produto ou serviço oferecido e não num sector específico. Além disso, alguns dos factores críticos de sucesso permitem uma melhor compreensão da questão da inovação inversa, enquanto algumas empresas têm potencial para serem grandes inovadoras inversas e podem, por isso, ser consideradas como exemplos a reproduzir. Um dos principais pontos-chave da inovação inversa é a orientação para o cliente (Govindarajan & Trimble, 2012), em associação com (Augusto e Coelho, 2007) que afirmam: 'A orientação para o cliente reforça a nova inovação no mundo', e parece agora que as empresas indianas dominam esta competência. Ao continuarem a concentrar-se nos pontos fracos do consumidor indiano, estão a ser desenvolvidas novas inovações.

Além disso, ao reduzir o risco de expansão na Europa, muitas empresas indianas procuram primeiro oportunidades na Europa de Leste antes de se expandirem para a Europa Ocidental. Ao estudar este mercado ou ao construir centros de I&D, a inovação inversa pode ser aplicada na Europa. No entanto, a utilização de centros de I&D implica a modificação dos produtos para os adaptar às necessidades europeias, o que indicaria que já não se trata de inovação inversa. Atualmente, as empresas que não estão em fase de expansão são as que apresentam mais indícios de estratégias de inovação inversa no quadro do Anexo 10.4 elaborado por Govindarajan e Trimble. Em particular, o objetivo de muitas destas empresas é identificar os pontos fracos dos clientes e criar um novo consumo entre os não clientes. Todas as grandes empresas indianas do sector do hardware implementaram estratégias que lhes permitiram passar de um nível local para um nível nacional em poucos anos. Mas só saberemos se estas melhores soluções para os clientes dos mercados emergentes cobrirão igualmente as necessidades dos consumidores europeus quando estas empresas começarem a vender estes produtos na Europa. O que sabemos é que o rápido progresso tecnológico, os avanços nas telecomunicações e na tecnologia e a desregulamentação dos mercados significam que a concorrência internacional é feroz (Hitt et al, 2001) e que as empresas indianas estão a juntar-se à concorrência.

A utilização da amostragem teórica permitiu que outro fator fosse alvo de atenção adicional na análise do caso. A secção 3.6b explica como criar consciência da marca através das redes sociais e várias empresas indianas estão a utilizar as redes sociais para adquirir e comunicar com os clientes. Ao acrescentar a componente das redes sociais à interação com o cliente no front end difuso (Alam, 2006), o sucesso internacional está ao alcance das empresas que aplicarem bem estas teorias. A Celkon Mobiles, a Maxx Mobiles e a Videocon são exemplos de empresas que praticam bem os media sociais e que as ajudam a atrair clientes. A Huawei tem vindo a utilizar uma abordagem semelhante na Europa desde que começou a desenvolver-se nessa região. A componente dos meios de comunicação social é acrescentada à literatura atual sobre inovação inversa.

Infelizmente, mesmo após esta investigação, não é possível responder totalmente à questão de como as empresas procuram a inovação inversa, embora esta nunca tenha sido totalmente prevista. Mas a capacidade de inovação das empresas tem um efeito positivo na inovação de novos produtos em todo o mundo (Augusto, 2009), pelo que estas empresas indianas poderão vir a tornar-se globais no futuro. No sector das telecomunicações indiano, são desenvolvidas algumas caraterísticas únicas de produtos e serviços e a inovação parece ser da maior importância para as empresas indianas. Até à data, cada exemplo real de inovação inversa representa um tipo de caraterística única, enquanto as empresas do grupo do hardware têm caraterísticas únicas semelhantes que podem potencialmente conduzir à inovação inversa. De acordo com a última coluna do quadro 1, muitas empresas indianas deste sector têm potencial para praticar a inovação inversa, mas ainda é difícil prever quando é que isso acontecerá. O que sabemos é que as empresas indianas já estão a tentar servir um mercado maior do que todo o mercado europeu. Estão a fazê-lo construindo cuidadosamente e concentrando-se no cliente, tendo em mente todos os factores da inovação inversa.

Embora nenhum fator isolado seja suficiente para aplicar a inovação inversa, muitas empresas indianas têm a sua própria vantagem competitiva que as pode ajudar a aplicar esta estratégia. Entre os exemplos contam-se a inovação de produtos (iBall), a personalização em massa (Maxx Mobiles), a excelência do serviço pós-venda (Karbonn Mobiles), a inovação do modelo empresarial (Spice Mobiles) ou a marca (Lava/Xolo). A abordagem da Micromax consiste, literalmente, em levar os produtos até à porta do consumidor, mas esta abordagem não é, de facto, exclusiva dos países mais desenvolvidos. Mas, como já explicámos, é difícil tirar conclusões neste momento, uma vez que muitas destas empresas indianas são ainda marcas jovens e estão a concentrar-se mais no seu mercado nacional e nos países vizinhos.

8.3 Relevância para a gestão

A teoria sugere que a inovação inversa pode ser utilizada para criar novos mercados também nos países desenvolvidos (Corsi, Di Minin, 2013). Isto parece estar a acontecer com todas as inovações feitas por empresas indianas. Não posso argumentar que as empresas que pretendem prosseguir a inovação inversa tenham de nomear um diretor executivo empreendedor, mas o diretor executivo tem de estar aberto a novas abordagens, devido à rápida digitalização e globalização do mundo. Os lucros e as receitas a curto prazo não trarão sucesso a longo prazo para a empresa, e a aplicação de uma abordagem complexa como a inovação inversa será impossível com uma visão a curto prazo. No entanto, esta tese fornece muitos exemplos do que as empresas indianas estão a fazer e de como podem potencialmente implementar a inovação inversa. As empresas que desejem adotar uma abordagem de inovação inversa podem, após este documento, ser aconselhadas a adotar uma abordagem incremental, como as empresas indianas têm feito com sucesso dentro das fronteiras. Foram acrescentados novos elementos, mas há ainda muita investigação a fazer neste domínio. As propostas desenvolvidas acrescentam certos elementos à teoria atual, mas precisam de ser testadas empiricamente em grande escala para determinar se podem realmente dar respostas sobre a forma como as empresas podem prosseguir com êxito a inovação inversa.

8.4 CRÍTICAS À INOVAÇÃO INVERSA

A questão da inovação inversa tem sido objeto de algumas críticas, com algumas empresas a perguntarem por que razão um homem rico quereria um produto de um homem pobre. A resposta a esta questão pode ser simplesmente que, em determinadas circunstâncias, o desenvolvimento de um produto oferece um novo valor inesperado ou há muito negligenciado e pode potencialmente perturbar o mercado global. A simples supressão de certas caraterísticas de um produto não pode ser feita ad infinitum para reduzir os custos, ao passo que a inovação "clean-slate" oferece outras possibilidades. No entanto, este facto ainda tem de ser provado. Por exemplo, as empresas indianas estão a produzir muitos phablets, ou seja, telefones com um ecrã do tamanho de um tablet, porque muitos indianos só têm ligação à Internet através do seu telefone e não de um PC. Estas necessidades do consumidor indiano são um pouco semelhantes às mudanças no consumidor europeu, onde o mercado de smartphones e tablets está em expansão, enquanto o mercado de computadores pessoais está em queda livre. Estas inovações também poderiam produzir excelentes resultados nos países desenvolvidos. Mas porque é que quase não se vêem produtos de hardware indianos no mercado europeu? Será que isso significa que a inovação oposta não está a ser aplicada, que não funciona ou que é difícil de implementar?

A ideia é que os produtos resultantes da inovação inversa também criarão novos mercados nos países desenvolvidos (Govindarajan, Trimble, 2012) (Corsi, DiMinin, 2013). Mas se considerarmos, por exemplo, a indústria dos telemóveis, que está saturada na Europa, como poderiam ser desenvolvidos novos mercados nesta indústria? Na maior parte das vezes, as normas estão estabelecidas, mas isso não significa que as empresas indianas possam desenvolver-se neste mercado e até conquistar quotas de mercado razoáveis, mas isso seria ainda uma inovação inversa? Provavelmente terão de adaptar os seus produtos às normas europeias, o que também indicaria exportação e não inovação inversa. A Huawei, como explicámos anteriormente, tem 13 centros de I&D na Europa para a ajudar a compreender o consumidor europeu; além disso, tem muitos empregados locais, o que lhe permitiu ultrapassar algumas das seguintes barreiras à expansão.

Parece que as cinco deficiências (desempenho, infra-estruturas, sustentabilidade, regulamentação, preferências, desenvolvidas por Govindarajan & Trimble, 2012) para as multinacionais ocidentais quando se expandem para países em desenvolvimento também causam dificuldades na outra direção. Cada empresa encontrou razões únicas para o insucesso da expansão, mas existem algumas semelhanças (Schwab, 2014) que são mencionadas de seguida:

- Como criar um "sistema de gestão" para uma entidade ultramarina; quem deve geri-lo, com que nível de delegação de direitos de decisão.
- Como integrar culturas diferentes
- Como resolver os conflitos de estilo entre os membros das novas equipas de gestão ;
- Como adquirir e reter talentos estrangeiros;
- como resolver problemas com sindicatos locais; e
- Como lidar com questões pragmáticas relativas à linguagem e aos títulos no local de trabalho.

As semelhanças desenvolvidas por Schwab foram formadas por empresas chinesas, mas um estudo recente de empresas indianas na UE mostrou a mesma coisa (Charlie, 2012). A exportação é o primeiro passo para o sucesso da inovação inversa, pelo que os problemas que surgem neste domínio não estão relacionados com a estratégia específica em si, mas com os problemas acima referidos. Por outro lado, há também a questão de saber se as empresas indianas estão dispostas a expandir-se para a Europa, que é um mercado saturado, quando o seu mercado doméstico já tem 875 milhões de ligações de telemóveis e se espera que este número cresça dezenas de milhões todos os anos (Digital Strategy Consulting, 2013). O potencial é, portanto, enorme, mas a concorrência na Índia também é feroz. No entanto, não é necessário ser o líder de mercado no seu próprio país para conquistar o mundo. A Huawei tem apenas 10% de quota de mercado na China, mas também opera à escala mundial. Se os compararmos com a Micromax, que já tem uma quota de mercado de 16% no seu mercado nacional (Times of India, 2014), também poderiam considerar a possibilidade de se tornarem globais. Apesar do desenvolvimento do modelo concetual e da expansão dos problemas, que outros factores impedem atualmente a Índia de aceder ao mercado europeu? Será que a inovação inversa ainda não está completa, pelo que as empresas não sabem como a utilizar quando se expandem?

Os princípios organizacionais da inovação inversa (Govindarajan, 2009) exigem que as empresas adoptem uma abordagem descentralizada e de mercado local, dedicando a maior parte, se não a totalidade, do seu pessoal e dos seus recursos aos esforços de inovação inversa e gerindo-os no mercado local, que as equipas locais de crescimento sejam responsáveis pelos lucros e perdas e tenham o poder de escolher os produtos a desenvolver, fabricar, vender e prestar serviços e, finalmente, que possam recorrer aos recursos globais da empresa. O que sabemos é que as empresas indianas adoptam uma abordagem descentralizada e de mercado local dentro das suas fronteiras, mas os outros princípios não parecem ser exclusivos da inovação inversa. Muitas multinacionais têm vindo a praticar estes "princípios organizacionais" há anos, e é por isso que . O que é que torna a inovação inversa única ou nova?

Outras sugestões e, por conseguinte, factores de sucesso para prosseguir a inovação inversa, são os seguintes, desenvolvidos por Sinha, 2013:

- Os recursos e a tomada de decisões devem estar localizados nos mercados emergentes.
- A organização local deve ser apoiada por uma tecnologia global.
- As organizações devem estar preparadas para experimentar e assumir riscos

O primeiro fator de sucesso deveria, neste documento, ser considerado ao contrário, mas, em termos de princípios organizacionais, não há grande diferença. As empresas que devem estar preparadas para experimentar e correr riscos não são novidade e é impossível sobreviver sem elas. Por isso, parece lógico que apenas algumas empresas tenham adotado a inovação inversa, porque as orientações não são claras. Se se pode mesmo chamar inovação inversa ou simplesmente expansão é outra questão. Ao aplicarem melhor a estratégia de inovação inversa descrita no Anexo 10.4, as multinacionais ocidentais estão a conquistar os seus próprios mercados, mas é difícil determinar se esta abordagem está a ajudá-las a internacionalizarem-se. Como explicámos anteriormente, o CEO da GE, Immel, afirmou: "A inovação virá dos gigantes emergentes e eles são uma ameaça séria", mas ainda não é claro se isso será o resultado da inovação inversa. A sua ameaça pode também ser explicada pelo facto de conhecerem melhor o seu próprio mercado, que é muito mais vasto, o que permitiu às empresas indianas atingirem a dimensão que têm hoje, o que poderá, naturalmente, transformá-las em concorrentes das multinacionais ocidentais.

8.5 LIMITAÇÕES/ORIENTAÇÕES PARA A INVESTIGAÇÃO FUTURA

A informação utilizada nesta investigação provém principalmente de pesquisas na Internet. Consequentemente, as informações utilizadas na investigação são demasiado unilaterais para que possam ser apresentados argumentos claros a favor do quadro teórico. O modelo é criado principalmente através da utilização da lógica e do pensamento racional. Em segundo lugar, a maioria das empresas ainda não se encontra na fase da inovação inversa. Dado que o sector das telecomunicações na Índia já tem um grande potencial, mas precisa de muita atenção, a expansão, embora já seja competitiva na Índia, exige também um grande conhecimento do novo mercado. O estudo de outro sector ou mesmo de outro país, como a China, poderia permitir uma melhor compreensão do fenómeno da inovação inversa.

No entanto, esta investigação demonstrou que as empresas indianas têm potencial para captar o mercado global através da inovação inversa, mas uma investigação em maior escala, optando efetivamente por uma abordagem quantitativa, permitiria testar as variáveis independentes propostas. Além disso, entrevistas com gestores de empresas poderiam contribuir para o desenvolvimento da teoria e confirmar ou rejeitar as proposições desenvolvidas nesta tese. Por exemplo, um estudo temporal permitiria seguir as empresas ao longo das diferentes fases por que passam e procurar medidas relevantes em pontos específicos no tempo. No entanto, como a inovação inversa é um tópico muito recente na ciência da gestão, este tipo de investigação ainda não foi realizado. Embora estas empresas indianas pudessem potencialmente praticar a inovação inversa, o sector das telecomunicações físicas talvez não fosse o mercado adequado para estudar. Com efeito, o mercado europeu de telemóveis já está a dar sinais de saturação. Por conseguinte, a afirmação de que a inovação inversa criaria novos mercados nos países desenvolvidos pode estar errada, desde que as empresas indianas não estejam em posição de perturbar o mercado atual. Por outro lado, não se deve excluir o argumento de que o mercado europeu pode não ser atrativo para as empresas indianas, dado que o mercado global já é mais pequeno do que o seu mercado nacional. Por outro lado, o segmento do software é muito ativo na Europa, mas as necessidades que satisfaz não são muito diferentes das do cliente indiano, pelo que esta presença global não é um sinal de inovação inversa em si.

Seria interessante comparar as empresas dos países em desenvolvimento com as dos países desenvolvidos no que diz respeito à inovação inversa, porque ambas as partes são confrontadas com uma série de factores, que também podem ser específicos do país de origem da empresa. Mas, por enquanto, é necessário desenvolver mais teoria para criar um modelo claro sobre este assunto. O livro "O Mundo é Plano" explica como os EUA estão bem posicionados para competir no mercado global atual, o que também pode ser visto na grande representação de empresas americanas em todo o mundo. Será que isto significa que estão a aplicar a inovação inversa? O próximo passo interessante seria estudar as empresas americanas que utilizam a abordagem da inovação inversa, uma vez que as teorias de Sinha, por exemplo, se baseiam principalmente nos factores de sucesso das multinacionais ocidentais que se descarrilam. Por conseguinte, outro estudo poderia examinar se as empresas ocidentais precisam de praticar a estratégia de inovação inversa para terem êxito nas economias emergentes.

É interessante ver se ainda podemos falar de inovação inversa quando as empresas indianas se instalam na Europa e começam a adaptar os seus produtos às necessidades dos consumidores europeus. As empresas indianas estão agora a construir centros de I&D na Europa, o que indica uma abordagem descentralizada, mas, nesse caso, poderíamos simplesmente falar de expansão inversa, em que as empresas indianas são os fornecedores de produtos, ou seja, exatamente o oposto da forma como os negócios costumavam ser feitos. Em suma, este é simplesmente o resultado da globalização em curso.

Além disso, a inovação inversa é apenas mais uma teoria que explica a orientação para o cliente através da utilização de uma abordagem descentralizada, enquanto apenas a componente geográfica diz respeito às economias emergentes. Ao compreender a abordagem descentralizada da I&D, as empresas podem compreender melhor os clientes, o que as poderá ajudar a utilizar a inovação inversa. Mas as críticas à inovação inversa e todos os pontos de interrogação em torno do conceito parecem estar a impedir as empresas de enveredarem em massa por esta via.

8.6 Conclusões

Em conclusão, esta tese foi concebida para desenvolver uma nova teoria em torno do fenómeno da inovação inversa. No entanto, muitas questões sobre a inovação inversa continuam sem resposta, enquanto a questão de investigação ainda não pode ser resolvida com precisão. Mais importante ainda, o aviso de que, se as multinacionais ocidentais não se perturbarem a si próprias, alguém o fará (Immelt, 2009) pode ser fortemente sublinhado após esta investigação sobre a indústria indiana das telecomunicações. Muitas empresas deste sector podem produzir produtos/serviços com a mesma qualidade que as multinacionais dos países desenvolvidos e podem mesmo acrescentar caraterísticas que seriam novas para o mercado na Europa. medida que a diferenciação tecnológica no segmento do hardware de TI se torna mais difícil, apenas o valor da marca parece impedir as empresas indianas de se tornarem potenciais concorrentes nos países desenvolvidos. A inovação inversa pode estar a ocorrer a uma escala nacional maciça na Índia e nos países vizinhos, mas uma visão crítica da teoria explica que esta pode não ser a inovação inversa que observamos. Resta saber se esta abordagem os ajudará a expandir-se para a Europa, ou se a inovação inversa é simplesmente um exemplo de como a descentralização nas economias emergentes deve ser implementada. O facto de os produtos resultantes poderem ser potencialmente de interesse para o mercado ocidental é algo que acontecerá no futuro, dado que a inovação ocorre a uma escala global. Sendo a Índia um dos três principais centros de inovação, juntamente com os EUA e a China, parece que a inovação está a tornar-se cada vez mais global, mas resta saber se "o futuro está longe de casa" com a inovação inversa.

9. Referências

9.1 Literatura

Acedo, F.J., Florin, J. 2007. Compreender a perceção de risco das oportunidades estratégicas: um modelo tripartido. *Mudança Estratégica,* 16(3) : 97-116

Acs, Z. J., Audretsch, D.B. 1987. Innovation, Market Structure and Firm size, *The Review of Economics and Statistics,* 69(4) : 567-574

Alam, I. 2006. Removing the Fuzziness from the Fuzzy Front-end of Service Innovations Through Customer Interactions". *IndustrialMarketingManagement* 35(4) : 468-480

Amit, R., Zott, C. 2012. Criação de valor através da inovação do modelo de negócio. *MIT Sloan Management Review*

Anderson J. e Billou N., 2007. Servir os pobres do mundo: a inovação no coração da economia de mercado.
Anthony, S.D. 2012. The new corporate garage", *Harvard BusinessReview* (setembro): 45-53.

Augusto, C., Coelho, F. 2009. Orientação para o mercado e produtos novos para o mundo: Explorando os efeitos moderadores da inovação, da força competitiva e das forças ambientais. *IndustrialMarketingManagement,* 38(1) : 94-108

Bansal, P., Conley, K. 2011. The Coming of Age for Qualitative Research: Embracing the Diversity of Qualitative Methods, *Academy ofManagementJournal,* 54(2) : 233-237

Bernardo, A.E., Welch, I. 2001. On the evolution of overconfidence and entrepreneurs

Journal ofEconomics &ManagementStrategy, 10: 301-330

Bettencourt, L.A., Bettencourt, S.L. 2011. Innovating On the Cheap". *Harvard Business Review* (junho): 88-94.

Bonaccorsi, A. 1992. On the Relationship Between Firm Size and Export Intensity. *Journal of IntemationalBusiness Studies,* 23(4) : 605-636

Bower, J.L. e Christensen, C.M. 1995 'Disruptive Technologies: Catching the Wave', *HarvardBusinessReview* (janeiro-fevereiro): 43-53.
Building Strong Brands in Asia: Selecting the Visual Components oflmage to Maximize Brand Strength, *International Journal of Research inMarketing* 20(4), 297-313.

Calof, J.L. 1994. The Relationship Between Firm Size and Export Behavior Revisited.

Journal oflnternationalBusinessStudies, 25(2): 367-387

Charlie, A. 2012. Empresas indianas na UE, estudo do EICC.

Chetty, S.K., Stangl, L.M. 2010. Internationalization and Innovation in aNetwork Relationship Context. *Jornal Europeu de Marketing,* 44(11) : 1725-1743.

Christensen, C.M. 1997 *TheInnovator'sDilemma: HhenHew TechnologiesCause Great Firms To Fail.* Harvard Business Press, Cambridge, MA.

Christensen, C.M. e Raynor, E.M. 2003 *The Innovator's Solution: Creatingand Sustaining Successful Growth.* Harvard Business Press, Cambridge, MA.

Corsi, S. e Di Minin, A. 2012. "Disruptive Innovation ...in Reverse: Adding a Geographical Dimension to Disruptive Innovation Theory", *Journal of BusinessStrategy, 28(2),* 14-21.

E. J. Kleinschmidt, R. G. Cooper 1991. The impact of product innovativeness on performance,jowr "a/ *ofproduct innovation management,* 8(4) : 240-251

Eisenhardt, K.M., Graebner, M.E. 2007. Construção de teorias a partir de casos: oportunidades e desafios. Academy ofManagementJournal, 50(1) : 25-32

Eyring, M.J., Johnson, M.W., e Nair, H. 2011. New Business Models In Emerging Markets", *Har-vardBusinessReview* (janeiro-fevereiro): 89-95.

Finn, A., Kayande, U. 2005. How Fine is C-OAR-SE? *Revista Internacional de Investigação em Marketing,* 22(1) : 11-21

Frigo, M.L., maio de 2013. *Inovação reversa: um novo caminho para o crescimento,* Finanças Estratégicas, 23-25.

Fu, K., Fu, D. 2012. Investigação sobre as estratégias de marketing europeias daHuawei Technology CO. LTD e a sua perspetiva sobre a empresa chinesa, *International Journal of InnovativeManagement,* 39(3) : 25-35

Gephart, R. 2004. Qualitative Research and the Academy ofManagement Journal, *Academy ofManagementJournal,* 47(4) : 454-462

Gilbert, C. Eyring, M. e Foster, R.N. 2013. Two paths to resilience" [Dois caminhos para a resiliência]. Harvard Business Review (dezembro): 67-73.

Glaser, B., Strauss, A.L. 1967. The Discovery of Grounded Theory: Strategies for Qualitative Research, *Chicago: Aldine.*

Govindarajan V& Euchner J. 2012. *Reverse Innovation: An Interview -with Vijay Govindarajan, Research-* Technology Management, novembro-dezembro de 2012.

Govindarajan V. e Trimble C., 2012. *Inovação Inversa: Criar longe de casa, ganhar em todo o lado.* Harvard Business Review Press, p. 36

Govindarajan, V., Trimble, C. 2012. Reverse innovation: a global growth strategy that could pre-empt disruption at home, *Strategy & Leadership,* 40(5) : 5-11

Govindarajan, V. 2012. AReverse Innovation Playbook", *HarvardBusinessReview* (abril): 120-

124.

Govindarajan, V., Trimble, Ch. 2010. Stop the Innovation Wars", *Harvard Business Review* (julho-agosto): 76-83.

Guler, I., Guillen, M.F. 2010 Home Country Networks and Foreign Expansion: Evidence from the Venture Capital Industry, *Academy ofManagementJournal,* 53 (2), 390-410

Henderson, P. W., Cote, J.A., Leong, S.M., Schmitt, B. 2003.
Immelt, J.R., Govindarajan, V., e Trimble, Ch. 2009. How GE Is Disrupting It-self, *Harvard BusinessReview* (outubro), 56-65.

Johnson, W. 2012 Disrupt Yourself. *HarvardBusinessReview,* 90, 147-50.

Kim, W. C., Mauborgne, R. 2005. Value Innovation: A Leap into the Blue Ocean". The Journal ofBusiness Strategy 22-28.

Knickerbocker, F.T., 1973. Reação oligopolística e empresa multinacional. InternationalExecutive, 15(2): 7-9

Laurie, D.L., Harreld, J.B. 2013, Six Ways to Sink a Growth Initiative [Seis maneiras de afundar uma iniciativa de crescimento]. *Harvard Business Review,* 166

Martin, R. 2012. Samsung. *Revistas comerciais, RogersPublishing Limited*

McDougall, P.P., Shane, S., Oviatt, B.M. 1994. Explaining the Formation oflnternational New Ventures. *Journal of Business Venturing,* 9(6) : 469-487

Radojevis N. 2012. *Inovação reversa: Em busca de um potencial duplamente disruptivo*,HEC Montreal, *47(8).*

Rossiter, J.R. 2002. O procedimento C-OAR-SE para o processo de desenvolvimento de escala: Fases e sucessos na indústria de produtos médicos. *IndustrialMarketingManagement,* 26: 67-84

Schumpeter, S. 1942. *Capitalism, SocialismandDemocracy,* Routledge NewEdition.

Schwab, O. 2014. Emerging best practices of Chinese multinationals: Meeting operational challenges, *Fórum Económico Mundial.*

Siggelkow, N. 2007. Persuasão com estudos de caso. *Academy ofManagementJournal,* 50(1) : 20-24

Sinha, R. 2013 *Reverse Innovation: A gift from the developing to the developed economy (Inovação inversa: uma prenda da economia em desenvolvimento para a economia desenvolvida).* Perspectivas Empresariais e Investigação, 69-78

Suddaby, R. 2006. What is Grounded Theory Is Not, *Academy ofManagementJournal,* 49(4) : 633-642

Szulanski, G. e Winter, S. 2002. Getting it Right the Second Time, *Harvard Business Review,* 62-

69, janeiro de 2002.

Tadelis, S. 2007. Creating Value Through Outsourcing. *CaliforniaManagementReview* 50(6)

Tiwana, A., Keil, M, 2007. Does Peripheral Knowledge Complement Control? *Revista de Gestão Estratégica,* 28(6) : 623-634

Tomczyk, D. et al. 2013. Entrepeneurs' Personal Values, Compensation, and High Growth Firm Performance (Valores Pessoais dos Empresários, Compensação e Desempenho de Empresas de Elevado Crescimento). *Journal of SmallBusinessManagement,* 51(1) : 66-82

Trimble, C. 2012. Reverse Innovation and the Emerging-Market Growth Imperative [Inovação reversa e o imperativo de crescimento dos mercados emergentes]. *Ivey Business Journal*

Von Zedtwitz, M., Gassmann, O. 2002. Market versus technology drive in R&D internationalization. Four different patterns of managing research and development", *Research Policy* 31 : 569-588.

Yin, R.K., 1994. *Case Study Rsearch: Design andMethods,* Sage publications, Thousand Oaks.

Zeng, M., Williamson, P.J. 2006. Dragons at your Door: How Chinese Companies will Disrupt Global Competition, *Boston, MA: Harvard Business School Press.*

9.2 FONTES ONLINE

ChinaDaily, 2013, *China.org.*cnhttp://www.china.org.cn/business/2013-09/30/content 30173365.htm [30 de setembro de 2013]

Govindarajan V, Trimble C. 2009. Is Reverse Innovation Like Disruptive Innovation? *HarvardBusinessReview* Obtido em 30 de janeiro de 2013, de http://blogs.hbr.org/hbr/hbr-now/2009/09/is-reverse-innovation-like-dis.html [30 de setembro de 2009].

Govindarajan, V. 2009. O que é a inovação inversa? *Blogue de Govindarajan.* http://www.tuck.dartmouth.edu/people/vg/blog- archive/2009/10/what_is_reverse_innovation.htm [15 de outubro de 2009].

Govindarajan, V. 2011. Reverse Innovation Will Change Industries In The Future, Sriram Srinivasan Interviews Vijay Govindarajan, Obtido em 29 de janeiro de 2013 em http://business.outlookindia.com/ article.aspx?263716 [23 de janeiro de 2011].

Govindarajan, V. 2013. A inovação inversa começa com a educação. *HarvardBusinessReview*. http://blogs.hbr.org/2013/! 1/reverse-innovation-starts-with-education/ [18 de novembro de 2013].

Govindarajan, V., Ghosh, A. 2010. Reverse Innovation Success in the Telecom Setor. *Harvard Business* Reviewhttp://blogs.hbr.org/2010/05/reverse-innovation-success-in-the-tele/ [12May2010]

InformationWeeklndia. 2013. *InformationWeek*. http://www.informationweek.in/informationweek/news-analysis/277155/india-ranks-leading-innovation-center-world-kpmg [18 de julho de 2013]

Nasim, T. 2011. Reverse Innovation: The Thin Line between Success and Failure, Retirado em 29 de janeiro de 2013 de http://www.articlesbase.com/strategic-planning-articles/reverse-innovation- the-thin-linebetween-success-and-failure-4868497.html [6 de junho de 2011].

Reverse Innovation: High End Technology at a Price Affordable to Consumers, Retirado em 30 de janeiro de 2013 de http://articles.economictimes.indiatimes.com/2010-05-19/news/27591306_1_innovation-products-rural-market.

10. Apêndices

Anexo 10.1 - Empresas

Company name	Country	Segment	Signs of reverse innovation
Munoth communication	India	*Mobile phones*	No, maybe indirectly; low end phones
Punjab communications	India	Manufacturer and supplier of telecommunication and IT equipment	Yes, active in europe
Shyam Telecom	India	Manufacturer of optical repeaters, IP cellular backhaul systems to provide seamless wireless coverage	Yes
Reliance Communications Limited (Rcom)	India	**Service Network Provider**	Yes, owns fibre optic cable systems in Europe
Surana telecom	India	Manufacturer of optical fibre cables, assembly of mobile hand sets, power cables	No
Telephone cables limited	India	Manufacturer of cables	No
Tulip Telecom	India	**Service Network Provider**	No
Valiant communications	India	Manufacturer of telecom transmission equipment	Yes, active in europe
Tata communications limited	India	IT services + service provider	Yes, global presence
Vindhya telelinks	India	Manufacturer Optical fibre cables, communication cables	Yes, active
Vodafone India Limited	India subsidiary of Great British Vodafone Group	**Service Network Provider**	No, but Angel Stores (Women only)
MTNL	India	**Service Network Provider**	No
Aircel cellular limited	India	**Service Network Provider**	Yes, fifth largest in europe
Tata Teleservices	India	**Service network provider**	No
BSNL	India	Mobile billing, software/app	No
Lava mobiles	India	*Mobile Phones*	Not announced yet

Aishwarya telecom	India	Manufacturer of fibre optic test equipments and cable fault locators (top test and measuring instruments in India)	No
Intex Phones	India	*Mobile phones*	No
Lemon Mobiles	India	*Mobile phones*	No
Zen mobiles	India	*Mobile phones*	No
Munoth communication	India	*Mobile phones*	No
Fly mobiles	European mobile phone company active in India	*Mobile phones*	Yes, Active in southern europe, russia, ukraine
Optel telecommunicati ons	India	Manufacturer of optical fibre, cables, accessories and networking equipment	No
Onida electronics	India	*Mobile phones*	No
Idea Cellular*	India	**Service Network Provider**	No, bring RealNetworks globally proven VAS services and expertise from advanced markets like USA, Korea and Europe to the fast-growing and promising India market
T24 mobile india	India	**Service provider**	No
Bharti Airtel	India	**Service Network Provider**	Yes, Offer services on Jersey and Guernsey (subsidiary of Bharti airtel)
Wipro	India	IT services + consulting	Yes, offices in europe

Success Factor	Second order component	First order component
1. HR	1.1 CEO	1.1a Background (entrepreneur: yes/no)
2. Product/service	2.1 Presence of a unique benefit/ feature to the product or service 2.2 Degree of innovativeness	2.1a Low, Medium, or High (Degree of Uniqueness) 2.2a Low, Medium or High (Degree of radical innovation vs incremental innovation)
3. Firm size	3.1 Employees	3.1 Number of employees

APÊNDICE 10.2 - COMPONENTES DE PRIMEIRA E SEGUNDA ORDEM:

Quadro: componentes de segunda ordem e de primeira ordem

	Segment	Entrepeneur	Uniqueness	Innovativeness	Office in Europe	Firm size
Raters	H	Yes	Low	Low	Yes	1
	S	No	Medium	Medium	No	2
	SP		High	High		3
	M					4

ANEXO 10.3 - MÉTODO C-OAR-SE PARA AVALIADORES

em que H = hardware, S = software, SP = fornecedor de serviços, M = fabricante

ANEXO 10.4 - ESTRATÉGIA DE INOVAÇÃO INVERSA

Table 1 **Dominant Logic of Globalization vs. Reverse Innovation Strategies**

Globalization	Reverse Innovation
• Optimize products for the developed-world customer	• Best solution for the emerging-market customer
• Cutting-edge, technologically sophisticated, performance-rich products with many features, new and fancy applications	• Frugal, functional, good-enough-quality products
• Take the simplest possible approach to designing offerings for emerging markets: remove features to reduce cost	• Reinvent the product from the ground up; clean-slate innovation
• Premium-price, high-margin orientation	• Low-price, high-volume orientation
• Technology push; product-out approach	• Customer-centric; market-back approach
• Look for customers to sell products to	• Identify customer pain points, and develop products to solve customer problems
• Sell products to current consumers of the product	• Create new consumption among noncustomers
• Gain market share	• Create the market
• Leverage current core competencies	• Build new core competencies
• Exploitation mind-set for emerging economies	• Exploration mind-set for emerging economies
• Use developed-world products to transform emerging markets	• Build new global growth platforms based in emerging markets

(From Vijay Govindarajan and Chris Trimble, *Reverse Innovation: Create Far from Home, Win Everywhere*, Harvard Business Review Press, 2012, p. 36)

ANEXO 10.5 - DADOS RELATIVOS A CADA CASO

Os dados foram extraídos da base de dados LexisNexis, dos sítios Web das empresas, de entrevistas em linha com diretores executivos e de outras pesquisas na Internet.

10.5.1 LavaMobiles/XOLO Mobiles

The Economic Times. 2014. Lava pretende ser uma empresa de mil milhões de dólares até março de 2015, 14 de janeiro.
http://articles.economictimes.indiatimes.com/2014-01-17/news/46301499_1_march-2015-rai-billion-dollar-company [14 January 2014]

LighlReading. 2013. XOLO tenta um one-up, lista as especificações do telefone LTE, 28 de outubro. http://www.lightreading.in/lightreadingindia/news-analysis/285901/xolo-attempts-lists-lte- phone-specs [28 de outubro de 2013]

Notícias GoMo. 2013. Xolo - a única marca indiana de smartphones capaz de se tornar global, 19 de agosto.
http://www.gomonews.com/xolo-the-only-indian-smartphone-brand-able-to-go-international/ [19 de agosto de 2013]

The Times oflndia. 2014. Xolo inks deal with Liverpool Football Club, 6 de janeiro.
http://timesofindia.indiatimes.com/tech/tech-news/Xolo-inks-deal-with-Liverpool-Football-Club/articleshow/28473610.cms [6 de janeiro de 2014]

10.5.2 Karbonn Mobiles

Empresário. 2012. AKarbonn cópia do sucesso, 29 de agosto. http://entrepreneurindia.in/people/gettingthere/a-karbonn-copy-of-success/14967/ [29 de agosto de 2012]

Voz&Dados. 2012. A nossa quota de mercado duplicou nos últimos dois anos, 4 de maio. http://www.voicendata.com/voice-data/news/169807/our-market-share-doubled [4 de maio de 2012]

Afaqs. 2012. Karbonn, Sony Mobiles get noticed in India: TMI survey, November 14. http://www.afaqs.eom/news/story/35940_Karbonn-Sony-Mobiles-get-noticed-in-India:-TM!-survey [14 de novembro de 2012]

Nextbigwhat. 2014. Samsung bate a Nokia; vendas de smartphones aumentam 219% em relação ao ano anterior, 19 de maio.
http://www.nextbigwhat.com/mobile-shipment-india-ql-2014-297/ [19 de maio de 2014]

10.5.3 Micromax Mobiles

IDC. 2013. Os cinco principais fornecedores indianos de smartphones, fevereiro. http://cdnl.yourstory.com/wp-content/uploads/2014/02/IDC_stats.jpg [fevereiro de 2014]

A sua história. 2014. Eis porque é que a Micromax é o meu novo herói, 12 de fevereiro. http://yourstory.com/2014/02/micromax-hero/ [12 de fevereiro de 2014]

Exchange4Media. 2014. De local a global em 16 meses - A história da Micromax, 31 de março. http://www.exchange4media.com/55154_local-to-global-in-16-months-%E2%80%93-the-micromax-story.html [31 de março de 2014]

DQ Channels. 2014. Entrevista com o Diretor Executivo da Micromax, 28 de abril. http://www.dqchannels.com/dq-channels/news/213745/-we-progressed-cheap-brand-value-money-vikas-jain-micromax [28 de abril de 2014]

BGR. 2014. Micromax começa a fabricar smartphones na Índia, 23 de abril. http://www.bgr.in/news/micromax-starts-manufacturing-smartphones-in-india-hr414/ [23 de abril de 2014]

TheDQWeek. 2014. Micromax expande operações na Rússia, 27 de janeiro. http://www.dqweek.com/dq-week/news/207567/micromax-expands-operation-russia [27 janeiro de 2014]

10.5.4 Telemóveis Spice

The Hindu BusinessLine. 2013. Depois de uma pausa, a Spice está de olho nos smartphones, 29 de outubro. http://www.thehindubusinessline.com/industry-and-economy/info-tech/after-a-lull-spice-sets-its-eyes-on-smartphones/article5285490.ece [29 de outubro de 2013].

PR.com. 2013. Spice Mobility lança as primeiras lojas AndroidLand da Índia, 11 de outubro. http://www.pr.com/press-release/520941 [11 de outubro de 2013]

10.5.5 Videocon

Voz&Dados. 2014. Videocon Telecom Clocks 77% increase in Q4 revenues, 1 May. http://www.voicendata.com/voice-data/news/214005/videocon-telecom-clocks-77-rise-q4-revenue [1 de maio de 2014]

CIOL, 2013. Celkon C76: first ever multilingual feature phone, 9 de dezembro. http://www.ciol.com/ciol/news/203355/celkon-c76-multilingual-feature-phone [9 de dezembro 2 013.

BGR. 2014. Videocon Telecom atinge mais de Rs 1.000 crore de receitas no ano fiscal de 201314, 4 de abril.

http://www.bgr.in/news/videocon-telecom-achieves-over-rs-1000-crore-revenues-in-financial-year-2013-14-hr414/ [4 de abril de 2014]

Leitura ligeira. 2013. Entrevista com Arvind Bali: Diretor e CEO, Videocon Telecom, 7 de outubro. http://www.lightreading.in/lightreadingindia/interview/282987/arvind-bali-diretor-ceo-videocon-telecom [7 de outubro de 2013]

10.5.6 Telemóveis Celkon :

Leitura ligeira. 2013. XOLO tenta um one-up, lista as especificações do telefone LTE, 28 de outubro. http://www.lightreading.in/lightreadingindia/news-analysis/285901/xolo-attempts-lists-lte- phone-specs [28 de outubro de 2013]

TheFinancialExpress. 2013. Making smart devices, smarter, 9 de setembro. http://www.financialexpress.com/story-print/1166364 [9 de setembro de 2013] 10.5,7iBall :
Puri, N. 2013. iBall Launches Safety Phone for Women, ZDnet [http://www.zdnet.com/in/iball-launches-safety-phone-for-women-india-7000024421/]

2012. Business Today [http://businesstoday.intoday.in/story/iball-dual-sim-andi-smartphones/l/185808.html]

10.5.8 Telemóveis Maxx

Dharmakur, R. 2010. Maxx Mobile: The Shanzhai Warrior, *Forbes India* [http://forbesindia.eom/article/real-issue/maxx-mobile-the-shanzhai-warrior/16932/l]

Singh, K. 2013 Entrevista COOMaxxMobiles, *Face to Face* [http://www.tele.net.in/face-2-face/item/13569-interview-with-krishna-singh-coo-maxx-mobile?format=pdf]

Agarwal, A. 2014 CEO InterviewMaxxMobiles, DQ Channels [http://www.dqchannels.com/dq-channels/news/208676/-i-dont-feel-india-difficult-country-business-ajjay-agarwal-maxx-mobile]

10.5.9Mahindra comviva :

Mahindra comviva: S. Chowdhary inaugura a I&D

Sítio Web da empresa em 2014 [http://www.mahindracomviva.com/media/Mahindra-Comviva-Wins- Two-Awards-at-the-Gelecom-Telecom-Business-Innovation-Awards-2013.htm]

Oberoi, R. 2014. O caminho a seguir. *MoneyToday* [http://businesstoday.intoday.in/story/stock-market-experts-expectations-from-various-sectors-2014/l/201839.html]

10.5.10 Imimóvel

2014 Sítio Web da empresa Imimobile [http://www.imimobile.com/live/index.aspx]

10.5.11 Druva :

[http://yourstory.com/2011/Q9/yourstory-exclusive- califomia-based-indian-entrepreneurs-powering-petabytes-of-cloud-storage-the-gluster-story/Raj, C. 2011. the Gluster story, *YourStory,*]

2014 Website da empresa Druva [*http://www.druva.com/about/leadership/*]

10.5.12 Infosys

2014 Infosys website [http://www.infosys.com/newsroom/infosys-in-the- news/Pages/europe-business-strategy.aspx?soc=tw0975]

Murthy, N. 2012. What Next for Infosys, *Business Strategy Review*, 23(3).

Prasad, A. 2013. Low Cost High Tech talent lures European Companies, *The Economic Times* [http://articles.economictimes.indiatimes.com/2013-05-02/news/38983955_1_tata- consultancy-services-centres-kelly-services]

10.5.13 Informações gerais

Sen, S. 2013. Brand India Takes a Call, *Businesstoday* 31 de março de 2013.

http://businesstoday.intoday.in/story/top-indian-handset-makers-changing-tack-to-take-on-mncs/l/193224.html

Trading Economies, 2012 [http://www.tradingeconomics.com/india/rural-population-percent-of-total-population-wb-data.html]

Sinha, R. 2014 Gionee Elife S5.5 revelado como o smartphone mais fino do mundo com 5,5 m, *NDTV Gadgets* [http://gadgets.ndtv.com/mobiles/news/gionee-elife-s55-unveiled-as-worlds- slimmest-smartphone-at-55mm-485570]

Arthur, C. 2014 Smartphone Explosion in 2014 Will See Ownership in India Pass Pass US, *Global development* [http://www.theguardian.com/technology/2014/jan/13/smartphone-explosion- 2014-india-us-china-firefoxos-android].

2014, As vendas de smartphones na Índia triplicaram em 2013, The Times oflndia [http://timesofindia.indiatimes.com/tech/tech-news/Smartphone-sales-in-India-up-threefold- in-2013/articleshow/31040367.cms]

Digital Strategy Consulting, 2012. Índia: Panorama do mercado digital [http://www.digitalstrategyconsulting.com/india/2012/05/a_snapshot_of_digital_india_12.php

Estatísticas da População Mundial 2013 [http://www.worldpopulationstatistics.com/indiapopulation- 2013/1

Mitra, S. 2014. *[http://wap.business-standard.com/article/companies/chinese-smart-phone-makers-focus-on- india-as-home-market-slows-114061100791_/*India is the New Hot Spot for China's Smartphone Makers, *Business Standard.html]*

The Economist, 2013. A grande desaceleração [http://www.economist.com/news/leaders/21582256-emerging-market-slowdown-not-beginning-bust-it-tuming-point]

China Daily, 2013. Huawei expande-se na Europa [http://www.china.org.cn/business/2013-09/30/content 30173365.htm]

Nusca, A.2013. A Era da Comodificação dos Smartphones Começou, Z/Wi/Wliv faço um investimento num produto caro].

Apêndice 10.6 - Descrições de casos

Lava mobiles/XOLO (pair one)
- Two brands (Lava Rural and XOLO High End)
- Double revenues in 2014
- First firm to announce 4G ideas and specifications
- XOLO phones tested better than international competitors
- Possibility to leverage Intel as their chip provider for European market
Karbonn Mobiles (pair one)
Doubled market share from 3 to 6% (2010 to 2012)
Quantity wise they are already operating on a scale that could be seen as international
Experience in distribution channels, leveraging support of UTL group to overtake as a later follower
2012 selling 1 million phones each month, focus on 22-35 year olds who are familiar with technology

Trimble, 2010) important to leverage CA of entire firm
Lacking brand awareness, since Videocon Telecom is just one of the range of products
Current strategy target more youth and expand within the nation, by rebranding, increasing customer experience and grasping the opportunities the fast changing, turbulent market offers.
Celkon mobiles (pair three)
Able to offer phones cheaper than international competitors (Nokia and Samsung)
Looking into Cube26 technologies, like look away to pause, auto call, touch less swiping
Making a local rural shift
Regional language support offerings (also required for Europe)
However more focus on developing countries as Bangladesh, Nepal and possible move to African continent
iBall (pair four)
- Phone with dual core, camera, fm/radio, dual sim for 43 euros, such phones could also sell in Europe, since not every customer demands the newest and fastest phone (BusinessToday, 2012)
- But specific focus on bottom of the pyramid customers
- But clean slate innovation, where they add as many features as possible, while still being cheap
Maxx Mobiles (pair four)
Target also the Indian youth, but especially the ones who want the newest models and want to offer phones that resembles their personality (fits with European standards)
Constant brand awareness through mass marketing campaigns
Using speed as USP attracts youth of today who want everything faster than ever
Learning on awareness (learning from setbacks) and constantly innovating (entrepreneurial CEO)
2012 targeting 250% of the revenue in 2017, while currently having a market share of 14,5%
Technology push (launched 26 new models on 1 day)
After sales service of upmost importance to increase consumer lifetime and create loyalty,, importance of service innovation is there, since switching is easy

Tabela 10.6.1 Segmento de hardware

Mahindra Comviva (pair five)
Mahindra Comviva performs a lot of outsourced work for European firms
They were able to win the Global Telecoms Business Award for Innovation in Consumer Services (Company Website, 2014).
Furthermore they launched digital wallet, which is an interesting feature, even for European civilians
Every year they grow by 25%
Currently 30% of their revenue is generated from India, meaning that the rest comes from the rest of the world. However they expand it's business to provide services in rural India
From their innovation hub in Bangalore continuous innovation is strived upon, through the globally linked approach (Zedtwitz, 2002).
Imimobile (pair five)
Researching predictive analysis, which can predict what the actual customer for instance might need at what time and place, due to tracking consumer lives through mobile phones.
As of late Imimobile has opened an office in the USA to help reinforcing their expansion in North America.
Druva (pair six)
Headquartered in California and also present in Puna, India
Provide integrated data protection and governance solutions for laptops pcs smartphones and tablets
The workforce consists of entrepreneurs in combination with experienced managers
Technology landscape is changing towards services, and they benefit as a small firm
Infosys (pair six)
2 billion revenue mark in Europe alone, expected for 2014
Reverse innovator example

Quadro 10.6.2 Segmento de software

MIX
Papier aus verantwortungsvollen Quellen
Paper from responsible sources
FSC® C105338

Printed by Books on Demand GmbH, Norderstedt / Germany